UF0510

PROCESADORES DE TEXTOS Y PRESENTACIONES DE INFORMACIÓN BÁSICOS

UF0510

PROCESADORES DE TEXTOS Y PRESENTACIONES DE INFORMACIÓN BÁSICOS

Grupo Montepinar

La ley prohíbe
fotocopiar este libro

UF0510 - PROCESADORES DE TEXTOS Y PRESENTACIONES DE INFORMACIÓN BÁSICOS
Código THEMA: UFB Paquetes integrados de software
Código BISAC: COM005000
© Grupo Montepinar
© De la edición: Ra-Ma 2026

Editado por:
RA-MA Editorial
Calle Jarama, 33, Polígono Industrial Igarsa
28860 PARACUELLOS DE JARAMA, Madrid
Teléfono: 91 658 42 80
Fax: 91 662 81 39
Correo electrónico: info@grupoeditorialrama.com
Internet: www.ra-ma.es y www.ra-ma.com
ISBN impreso: 979-13-88059-57-5
El e-book de esta obra es accesible y cumple con la norma WCAG 2.2 nivel AAA.
Depósito legal: M-4499-2026
Maquetación: Antonio García Tomé
Diseño de portada: Antonio García Tomé
Filmación e impresión: Safekat
Impreso en España en febrero de 2026

ÍNDICE

Parte I

APLICACIONES INFORMÁTICAS DE TRATAMIENTO DE TEXTOS

1

CONCEPTOS GENERALES Y CARACTERÍSTICAS FUNDAMENTALES DEL PROGRAMA DE TRATAMIENTO DE TEXTOS

Los programas de tratamiento de textos son aplicaciones informáticas diseñadas para la creación, edición y presentación de documentos escritos en formato digital. En el entorno ofimático actual, Microsoft Word se ha consolidado como una de las herramientas más utilizadas tanto en ámbitos profesionales como formativos, debido a su potencia, versatilidad y facilidad de uso. Su dominio resulta esencial para la elaboración de documentos administrativos, informes técnicos, trabajos académicos, comunicaciones internas y externas, así como todo tipo de documentación empresarial.

Microsoft Word forma parte del paquete Microsoft 365 y se caracteriza por ofrecer una interfaz moderna, basada en menús visuales y herramientas agrupadas por funciones, que facilitan el trabajo del usuario incluso sin conocimientos avanzados de informática. A través de este programa es posible redactar textos, corregirlos, darles formato, insertar elementos gráficos y preparar el documento para su impresión o distribución digital.

Desde el punto de vista funcional, un programa de tratamiento de textos como Word permite separar claramente el contenido del documento –el texto que se redacta– de su presentación visual. Esto posibilita que el usuario se concentre primero en la redacción y posteriormente en el diseño, mejorando la productividad y la calidad del resultado final. Además, Word incorpora funciones avanzadas como guardado automático, trabajo colaborativo en línea y compatibilidad con múltiples formatos de archivo.

Entrada al programa Microsoft Word

La entrada al programa hace referencia al proceso mediante el cual el usuario inicia Microsoft Word y accede a su entorno de trabajo. Existen varias formas habituales de abrir Word, dependiendo de la configuración del equipo y del sistema operativo utilizado. En entornos Windows, el acceso más común se realiza desde el menú Inicio, escribiendo "Word" en el cuadro de búsqueda y seleccionando la aplicación correspondiente. También es frecuente utilizar accesos directos situados en el escritorio o en la barra de tareas.

Otra forma habitual de entrada al programa consiste en abrir directamente un documento de Word almacenado en el equipo, en una unidad externa o en la nube (OneDrive). Al hacer doble clic sobre el archivo, Word se inicia automáticamente y carga el documento seleccionado, permitiendo continuar el trabajo previamente guardado.

Una vez iniciado el programa sin abrir un documento concreto, Word muestra una pantalla inicial o pantalla de inicio. En ella se ofrecen diversas opciones, como crear un documento en blanco, utilizar plantillas prediseñadas (cartas, currículums, informes, etc.) o abrir documentos recientes. Esta pantalla inicial facilita el acceso rápido a los archivos más utilizados y orienta al usuario según el tipo de documento que desea crear.

Creación de un documento nuevo

Desde la pantalla inicial de Word, el usuario puede crear un documento nuevo seleccionando la opción "Documento en blanco" o eligiendo una plantilla. Al hacerlo, el programa abre una ventana de documento vacía preparada para comenzar la redacción del texto. Esta acción marca el inicio del trabajo con el documento y da acceso a todas las herramientas del programa.

La creación de documentos nuevos es una operación básica que se repite constantemente en el uso cotidiano del tratamiento de textos. Word permite crear tantos documentos como sea necesario, manteniéndolos abiertos de forma simultánea y facilitando el cambio entre ellos.

Apertura de documentos existentes

Además de crear documentos nuevos, Word permite abrir documentos ya existentes almacenados en el equipo, en dispositivos externos o en la nube. Esta operación puede realizarse desde la pantalla inicial, mediante la opción "Abrir", o desde el menú Archivo una vez que el programa está en funcionamiento.

Al abrir un documento existente, Word carga su contenido respetando el formato, los estilos, las tablas, las imágenes y el resto de elementos incluidos. Gracias a la compatibilidad del programa, los documentos pueden abrirse incluso si han sido creados en versiones anteriores de Word o en otros procesadores de texto, aunque en algunos casos pueden producirse ligeras variaciones de formato.

Salida del programa Microsoft Word

La salida del programa se produce cuando el usuario cierra Word tras finalizar su trabajo. Antes de cerrar, el programa comprueba si existen documentos con cambios no guardados. En ese caso, muestra un aviso solicitando confirmación para guardar los cambios, evitando así la pérdida de información.

El cierre del programa puede realizarse mediante la opción "Cerrar" o "Salir" del menú Archivo, utilizando el botón de cierre de la ventana o mediante combinaciones de teclas. En cualquier caso, es una buena práctica asegurarse de que todos los documentos han sido guardados correctamente antes de salir del programa.

Word incorpora además funciones de guardado automático cuando se trabaja con documentos almacenados en OneDrive, lo que incrementa la seguridad del trabajo realizado. No obstante, el usuario debe mantener el hábito de guardar los documentos de forma consciente y organizada.

Importancia de una correcta gestión de inicio y cierre

La correcta gestión de la entrada y salida del programa de tratamiento de textos es fundamental para garantizar la integridad de los documentos y la eficiencia en el trabajo. Abrir Word desde fuentes seguras, utilizar plantillas adecuadas, guardar periódicamente y cerrar correctamente el programa son prácticas básicas que todo usuario debe dominar.

Un uso responsable del programa contribuye a evitar pérdidas de información, errores en los archivos y problemas de compatibilidad, especialmente en entornos profesionales donde los documentos forman parte de procesos administrativos o técnicos.

Descripción de la pantalla del tratamiento de textos en Microsoft Word (interfaz)

Una vez iniciado Microsoft Word y abierto un documento, el usuario accede a la **pantalla principal de trabajo**, también denominada **interfaz del programa**. La interfaz es el conjunto de elementos visuales que permiten al usuario interactuar con la aplicación, acceder a sus funciones y trabajar de forma cómoda y eficiente sobre el documento.

En Word, la interfaz ha sido diseñada siguiendo criterios de usabilidad y coherencia visual, de modo que las herramientas se agrupan por funciones y se presentan de forma clara. Esto permite que usuarios con distintos niveles de experiencia puedan localizar rápidamente las opciones necesarias para redactar, modificar y dar formato a los textos.

La pantalla de Word se organiza en varias zonas bien diferenciadas, cada una con una función específica dentro del proceso de tratamiento de textos. Conocer estas zonas es esencial para desenvolverse con soltura en el programa y aprovechar todas sus posibilidades.

Estructura general de la interfaz de Word

En la parte superior de la pantalla se encuentra la **barra de título**, donde se muestra el nombre del documento activo y el nombre del programa. Esta barra permite identificar rápidamente qué archivo se está editando y, en caso de trabajar con varios documentos abiertos, distinguirlos entre sí. A la derecha de la barra de título se sitúan los controles habituales de la ventana: minimizar, maximizar o restaurar y cerrar.

Debajo de la barra de título aparece la **cinta de opciones**, que constituye el elemento central de la interfaz de Word. La cinta de opciones organiza todas las herramientas del programa en pestañas, como Inicio, Insertar, Diseño, Disposición, Referencias, Revisar o Vista. Cada pestaña agrupa comandos relacionados con una misma finalidad, facilitando el acceso lógico a las funciones.

La cinta de opciones sustituye a los antiguos menús desplegables y barras de herramientas clásicas, integrando iconos, botones y listas desplegables que permiten realizar acciones con uno o dos clics. Además, Word adapta dinámicamente la cinta, mostrando herramientas contextuales cuando se seleccionan determinados elementos, como imágenes, tablas o gráficos.

Debajo de la cinta de opciones se sitúa la **zona de trabajo del documento**, que ocupa la mayor parte de la pantalla. En esta área se visualiza el documento tal y como se está editando, mostrando el texto, los márgenes, los saltos de página y otros elementos de diseño. Esta zona simula una hoja de papel, lo que ayuda al usuario a comprender cómo quedará el documento una vez impreso.

En los laterales y en la parte inferior de la zona de trabajo aparecen las **barras de desplazamiento**, que permiten moverse por el documento cuando su extensión supera el tamaño visible de la pantalla. Estas barras facilitan la navegación por documentos largos, como informes, manuales o trabajos académicos.

En la parte inferior de la ventana se encuentra la **barra de estado**, que ofrece información relevante sobre el documento, como el número de páginas, el número de palabras, el idioma del texto o el modo de visualización activo. Además, desde la barra de estado se puede cambiar rápidamente entre distintos modos de vista y ajustar el nivel de zoom.

La cinta de opciones como núcleo de trabajo

La cinta de opciones es el elemento más importante de la interfaz de Word desde el punto de vista funcional. En ella se concentran prácticamente todas las herramientas necesarias para trabajar con textos. La pestaña Inicio, por ejemplo, agrupa las opciones más utilizadas en la redacción diaria, como el tipo y tamaño de fuente, el formato de párrafo, la alineación del texto o el uso de listas.

Otras pestañas permiten insertar elementos adicionales en el documento, como imágenes, tablas, encabezados, pies de página, gráficos o símbolos. También existen pestañas orientadas a la revisión del texto, que incluyen herramientas de corrección ortográfica y gramatical, control de cambios y comentarios, muy utilizadas en entornos profesionales y colaborativos.

Word permite además personalizar la cinta de opciones, añadiendo o eliminando comandos según las necesidades del usuario. Esta posibilidad resulta especialmente útil en entornos de trabajo específicos, donde se utilizan de forma recurrente determinadas funciones.

La zona de trabajo del documento

La zona de trabajo es el espacio donde el usuario redacta y edita el contenido del documento. En Word, esta zona muestra el documento en una vista muy similar al resultado final impreso, lo que se conoce como vista de diseño de impresión. Esta característica ayuda a visualizar márgenes, saltos de página y distribución del contenido desde el primer momento.

En esta área, el cursor indica el punto exacto donde se insertará el texto al escribir. El usuario puede seleccionar fragmentos de texto con el ratón o el teclado para aplicar formatos, mover contenido o eliminar información. La interacción directa con el documento hace que el proceso de edición resulte intuitivo y fluido.

Importancia de conocer la interfaz

Dominar la interfaz de Microsoft Word es un requisito básico para trabajar con eficacia en el tratamiento de textos. Un conocimiento adecuado de la disposición de las herramientas permite reducir tiempos, evitar errores y aprovechar al máximo las funciones del programa.

En entornos formativos y profesionales, donde se elaboran documentos de forma habitual, una correcta comprensión de la interfaz facilita la adaptación a nuevas versiones del programa y mejora la autonomía del usuario frente a tareas de edición y presentación de documentos.

La ventana de documento y la barra de estado en Microsoft Word

Cuando el usuario abre o crea un archivo en Microsoft Word, el programa muestra una **ventana de documento**, que constituye el espacio real de trabajo sobre el contenido.

Esta ventana es el área donde se redacta, edita y da formato al texto, y donde se integran todos los elementos que forman parte del documento final, como párrafos, títulos, imágenes, tablas o encabezados.

Comprender el funcionamiento de la ventana de documento y de la barra de estado resulta esencial para trabajar con precisión, especialmente en documentos extensos o con requisitos formales específicos, como informes técnicos, manuales formativos o trabajos académicos.

La ventana de documento como espacio de edición

La ventana de documento ocupa la parte central de la pantalla y representa visualmente una o varias páginas, dependiendo del nivel de zoom y del modo de vista seleccionado. Word utiliza, por defecto, la vista de diseño de impresión, que muestra el documento de forma muy similar a cómo se imprimirá posteriormente. Esta característica permite al usuario controlar desde el inicio aspectos como los márgenes, la longitud de las páginas o la distribución del contenido.

Dentro de la ventana de documento aparece el **cursor de inserción**, que indica el punto exacto donde se introducirá el texto al escribir. El cursor se desplaza automáticamente conforme se va redactando el contenido, pero también puede situarse manualmente en cualquier parte del documento mediante un clic con el ratón o utilizando las teclas de desplazamiento del teclado.

La ventana de documento admite múltiples acciones directas por parte del usuario. Es posible seleccionar palabras, líneas, párrafos o bloques completos de texto para aplicar formato, copiar, mover o eliminar contenido. Asimismo, permite insertar elementos no textuales, como imágenes o tablas, que se integran visualmente en la página y pueden ajustarse en tamaño y posición.

En documentos largos, la ventana de documento facilita la navegación gracias a los saltos de página visibles y a la posibilidad de desplazarse verticalmente mediante la rueda del ratón o la barra de desplazamiento. Esto resulta especialmente útil en manuales o informes que superan varias páginas.

Modos de visualización del documento

Word ofrece distintos modos de visualización que afectan directamente a la forma en que se presenta la ventana de documento. Aunque el modo más habitual es el de diseño de impresión, existen otros modos que pueden resultar útiles en determinadas situaciones, como la vista de lectura o la vista web.

Cambiar el modo de visualización no altera el contenido del documento, sino únicamente la forma en que se muestra en pantalla. Esto permite adaptar el entorno de trabajo a la tarea concreta que se esté realizando, ya sea una lectura cómoda, una revisión rápida o una edición detallada del formato.

El acceso a estos modos se realiza de forma sencilla desde la barra de estado, lo que refuerza la relación funcional entre la ventana de documento y este elemento de la interfaz.

La barra de estado y su función informativa

La **barra de estado** se sitúa en la parte inferior de la ventana de Word y cumple una función fundamental: proporcionar información inmediata sobre el documento activo. Esta barra muestra datos relevantes que ayudan al usuario a controlar el progreso del trabajo y a verificar aspectos clave del contenido.

Entre la información más habitual que aparece en la barra de estado se encuentran el número de páginas del documento, la página actual en la que se encuentra el cursor y el recuento total de palabras. Este último dato es especialmente importante en contextos académicos o profesionales donde se exige una extensión determinada del texto.

Además, la barra de estado indica el idioma del documento, lo que resulta útil para la corrección ortográfica y gramatical, y permite detectar rápidamente si el idioma configurado no coincide con el del texto redactado.

Controles de vista y zoom

En el extremo derecho de la barra de estado se localizan los controles de visualización y zoom. Desde estos iconos, el usuario puede cambiar rápidamente entre los distintos modos de vista disponibles y ajustar el nivel de ampliación del documento.

El control de zoom permite aumentar o reducir el tamaño de visualización del texto sin modificar su formato real. Esta función es muy útil para trabajar con comodidad en pantallas pequeñas, revisar detalles de formato o tener una visión global de la estructura del documento.

El uso adecuado del zoom y de los modos de vista contribuye a reducir la fatiga visual y a mejorar la precisión en tareas de edición y revisión.

Importancia de la ventana de documento y la barra de estado

La ventana de documento y la barra de estado forman un conjunto funcional que acompaña al usuario durante todo el proceso de creación y edición de textos. Mientras la ventana de documento actúa como espacio activo de trabajo, la barra de estado ofrece una referencia constante sobre el estado del documento.

En entornos profesionales y formativos, dominar estos elementos permite trabajar con mayor seguridad, cumplir requisitos formales y detectar posibles errores antes de finalizar el documento. Por ello, su conocimiento es imprescindible para un uso eficaz de Microsoft Word como herramienta de tratamiento de textos.

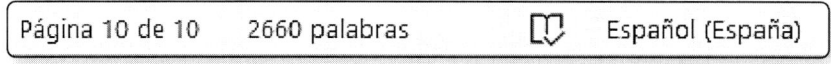

Página 10 de 10   2660 palabras   Español (España)

La barra de herramientas estándar y la ayuda de Microsoft Word

Uno de los elementos más característicos y utilizados de Microsoft Word es la **barra de herramientas**, integrada en la cinta de opciones. Esta barra reúne los comandos más habituales del programa y permite al usuario acceder de forma rápida y visual a las funciones esenciales para la creación y edición de documentos. Junto a ella, el sistema de **ayuda integrada** constituye un recurso fundamental para resolver dudas, aprender nuevas funcionalidades y optimizar el uso de la aplicación.

El dominio de la barra de herramientas estándar y de los mecanismos de ayuda resulta imprescindible para trabajar con soltura en Word, especialmente en contextos profesionales o formativos donde se exige eficiencia y precisión.

La barra de herramientas estándar dentro de la cinta de opciones

En Word, la barra de herramientas estándar no se presenta como una barra aislada, sino que forma parte de la **cinta de opciones**, situada en la parte superior de la ventana. Esta cinta organiza las herramientas en pestañas, siendo la pestaña **Inicio** la que concentra las funciones más básicas y utilizadas en el tratamiento de textos.

Desde esta barra, el usuario puede realizar acciones esenciales como crear documentos nuevos, abrir archivos existentes, guardar cambios o imprimir documentos. Estas operaciones constituyen la base del trabajo cotidiano con un procesador de textos y se ejecutan mediante iconos fácilmente reconocibles.

La barra de herramientas estándar también incluye opciones para deshacer y rehacer acciones, lo que permite corregir errores de forma inmediata sin necesidad de repetir procesos. Esta funcionalidad resulta especialmente útil durante la redacción, ya que facilita la experimentación con formatos y estilos sin riesgo de pérdida definitiva de información.

Herramientas de edición y formato más habituales

Además de las opciones relacionadas con archivos, la barra de herramientas estándar incorpora un conjunto amplio de comandos orientados a la **edición y formato del texto**. Entre ellos se encuentran las herramientas para cambiar el tipo y tamaño de letra, aplicar negrita, cursiva o subrayado, modificar el color del texto o resaltar fragmentos importantes.

También se incluyen funciones para la alineación de párrafos, la creación de listas con viñetas o numeración y el ajuste del interlineado. Estas herramientas permiten estructurar el documento de manera clara y ordenada, adaptándolo a los requisitos formales de cada tipo de texto.

El acceso directo a estas funciones desde la barra de herramientas estándar evita tener que navegar por menús complejos, lo que agiliza notablemente el trabajo y reduce la posibilidad de errores.

Personalización de la barra de herramientas

Microsoft Word permite cierta personalización de la barra de herramientas, adaptándola a las necesidades del usuario. Es posible, por ejemplo, añadir comandos frecuentes a la barra de acceso rápido, situada generalmente en la parte superior izquierda de la ventana.

Esta personalización resulta especialmente útil en entornos profesionales, donde determinadas funciones se utilizan de forma recurrente. Al configurar la barra de acceso rápido con las herramientas más empleadas, se optimiza el tiempo de trabajo y se mejora la ergonomía del uso del programa.

La ayuda integrada en Microsoft Word

Junto a la barra de herramientas, Word incorpora un sistema de **ayuda integrada** que facilita el aprendizaje y la resolución de problemas. Esta ayuda se encuentra accesible desde la parte superior de la interfaz, a través del cuadro de búsqueda o del icono de ayuda.

El sistema de ayuda permite al usuario introducir palabras clave relacionadas con la acción que desea realizar, mostrando de forma inmediata sugerencias, instrucciones paso a paso o enlaces a documentación más detallada. Este enfoque resulta especialmente útil para usuarios en fase de aprendizaje, ya que reduce la dependencia de manuales externos.

Además, la ayuda de Word está conectada a recursos en línea, lo que garantiza que la información se mantenga actualizada y acorde a las últimas versiones del programa.

ACTIVIDADES

Actividad 1. Recorrido guiado por la interfaz (captura + rotulado)

1. Abre Word y crea un *Documento en blanco*.

2. Identifica en pantalla: barra de título, cinta de opciones, pestañas principales, zona de trabajo, barras de desplazamiento y barra de estado.

3. Inserta una tabla 2×6 y rellénala con: "elemento", "función", "ruta para localizarlo" (por ejemplo: "barra de estado → parte inferior").

4. Inserta **una captura de pantalla** de Word y añade flechas o cuadros de texto señalando cada zona.

Actividad 2. Entrada/salida segura y guardado organizado

1. Abre Word desde el menú inicio y también abriendo un .docx existente.

2. Crea una carpeta "prácticas_word\cap1" y guarda el archivo como: cap1_interfaz_apellidos_nombre.docx.

3. Activa el guardado automático (si usas OneDrive) o realiza guardado manual cada 3 minutos (Ctrl+G/Ctrl+S).

4. Cierra Word comprobando el aviso de cambios no guardados (haz una modificación y prueba el aviso).

2

TEXTO DEL DOCUMENTO

El trabajo con texto constituye la base de cualquier documento digital. Aunque pueda parecer una tarea elemental, la edición de texto implica una serie de procesos, modos de funcionamiento y herramientas que determinan la calidad final del documento. En el ámbito profesional, dominar estas herramientas no solo permite redactar con mayor rapidez, sino también garantizar la coherencia, precisión y claridad del contenido. Este capítulo profundiza en los fundamentos de la edición de texto, abordando desde los conceptos más básicos hasta las funciones esenciales que permiten trabajar con eficacia en cualquier entorno ofimático.

A diferencia de otras aplicaciones, como las hojas de cálculo o los programas de diseño, un procesador de textos está orientado a la creación y manipulación de contenido escrito. Esto implica que la herramienta debe ser capaz de gestionar grandes volúmenes de texto, aplicar formatos, insertar elementos adicionales y permitir la revisión y corrección del contenido. Sin embargo, antes de llegar a estas funciones avanzadas, es imprescindible comprender cómo se introduce, modifica y gestiona el texto en su forma más elemental.

2.1 GENERALIDADES

El texto en un documento digital está compuesto por caracteres que se organizan en palabras, líneas y párrafos. Cada carácter ocupa una posición concreta dentro del documento, y el usuario interactúa con él a través del cursor, que actúa como punto de inserción. Este cursor no es un simple indicador visual: es el elemento que determina dónde se insertará el texto, qué parte del contenido será modificada y cómo se comportarán las herramientas de edición.

En un procesador de textos moderno, como Microsoft Word, el texto no es un conjunto estático de caracteres, sino un contenido dinámico que se adapta a la estructura del documento. Esto significa que, al escribir, borrar o mover texto, el programa reorganiza automáticamente el contenido para mantener la coherencia visual y estructural. Por ejemplo, si se elimina una palabra en mitad de un párrafo, el resto del texto se desplaza para ocupar el espacio vacío, manteniendo la continuidad del contenido.

Además, el texto puede adoptar distintos tipos de comportamiento según su naturaleza. No es lo mismo introducir un carácter alfabético que un número, un símbolo o un espacio especial. Cada uno de estos elementos tiene un significado y un tratamiento específico dentro del documento. Por ejemplo, un espacio de no separación evita que dos palabras se dividan en líneas distintas, mientras que un salto de línea manual obliga al texto a continuar en la línea siguiente sin crear un nuevo párrafo.

Comprender estas generalidades es esencial para trabajar de forma eficiente, ya que permite anticipar cómo reaccionará el documento ante cada acción del usuario. En entornos profesionales, donde la precisión es fundamental, este conocimiento marca la diferencia entre un documento bien estructurado y uno que presenta errores de formato o incoherencias visuales.

2.2   MODO INSERTAR TEXTO

El modo insertar es el comportamiento predeterminado en la mayoría de los procesadores de texto. Cuando el usuario escribe, los caracteres nuevos se colocan en la posición del cursor y desplazan hacia la derecha los caracteres existentes. Este modo es el más intuitivo y se utiliza en la mayoría de las tareas de redacción.

El funcionamiento del modo insertar se basa en la idea de que el texto es un flujo continuo. Cada vez que se introduce un carácter, el documento se reorganiza automáticamente para mantener la coherencia del contenido. Esto permite escribir de forma fluida, sin necesidad de preocuparse por el espacio disponible o por la posición exacta de los caracteres.

Por ejemplo, si el usuario escribe la palabra "documento" y posteriormente decide añadir una letra en mitad de la palabra, el programa insertará el nuevo carácter y desplazará el resto del texto. Si el cursor está entre "docu" y "mento" y se escribe la letra "x", el resultado será "docuxmento". Este comportamiento facilita la corrección de errores, la ampliación de ideas y la modificación del contenido sin necesidad de borrar o reescribir partes completas del texto.

El modo insertar es especialmente útil en tareas de redacción continua, como la elaboración de informes, cartas, memorias o cualquier documento que requiera una escritura fluida. También es fundamental en la edición de textos largos, donde la capacidad de insertar contenido sin alterar la estructura general del documento resulta imprescindible.

2.3   MODO DE SOBRESCRIBIR EN WORD

Para activar el modo de sobrescribir en Microsoft Word y reemplazar el texto existente a medida que escribes, sigue estos pasos:

1. Activar la función desde Opciones

Por defecto, la tecla **Insert** suele estar desactivada para esta función en versiones modernas. Para habilitarla:

1. Ve a la pestaña **Archivo** y selecciona **Opciones**.
2. En el menú de la izquierda, haz clic en **Avanzadas**.
3. En la sección **Opciones de edición**, marca las siguientes casillas:
   - **Usar la tecla Insert para controlar el modo sobrescribir.**
   - **Usar el modo sobrescribir.**
4. Haz clic en **Aceptar**. Soporte oficial de Microsoft Word.

2. Uso de la tecla Insert

Una vez habilitada la opción anterior, puedes alternar entre el modo normal (Insertar) y el modo **Sobrescribir** simplemente presionando la tecla **Insert** (o **Ins**) en tu teclado.

3. Visualizar el estado en la barra de estado

Si quieres saber rápidamente en qué modo estás sin escribir:

1. Haz clic derecho en la **barra de estado** (la franja inferior de Word donde aparece el número de páginas).
2. Selecciona **Sobrescribir**.
3. Ahora aparecerá un indicador en la barra inferior que dirá **"Insertar"** o **"Sobrescribir"**. Puedes hacer clic directamente sobre esa palabra para cambiar de modo. Guía de personalización de la barra de estado.

2.4   BORRADO DE UN CARÁCTER

El borrado de caracteres es una de las operaciones más básicas en la edición de texto, pero también una de las más utilizadas. Existen dos teclas principales para eliminar caracteres: retroceso (Backspace) y Suprimir (Delete). Aunque ambas eliminan contenido, su comportamiento es diferente.

La tecla Retroceso elimina el carácter situado a la izquierda del cursor. Es decir, si el cursor está después de la letra "m" en la palabra "documento", al pulsar Retroceso se eliminará la "m". Este tipo de borrado es el más utilizado durante la escritura, ya que permite corregir errores de forma inmediata.

La tecla Suprimir, por su parte, elimina el carácter situado a la derecha del cursor. Si el cursor está antes de la "m" en "documento", al pulsar Suprimir se eliminará la "m". Este tipo de borrado es útil cuando se desea eliminar contenido sin mover el cursor hacia atrás.

Ambas teclas permiten eliminar no solo caracteres individuales, sino también selecciones completas de texto. Si el usuario selecciona una palabra, una frase o un párrafo y pulsa cualquiera de estas teclas, el contenido seleccionado se eliminará por completo. Esta función es especialmente útil en tareas de edición y reorganización del contenido.

2.5 DESPLAZAMIENTO DEL CURSOR

El desplazamiento del cursor es una de las habilidades más básicas y, al mismo tiempo, más determinantes en el trabajo con un procesador de textos. Aunque pueda parecer una acción mecánica, dominar las distintas formas de mover el cursor permite trabajar con mayor rapidez, precisión y control sobre el contenido. En documentos extensos, donde es necesario revisar, corregir o reorganizar información, saber desplazarse de manera eficiente marca una diferencia notable en la productividad.

El cursor actúa como punto de inserción y referencia. Cada vez que se escribe, se borra o se pega contenido, la acción se realiza en la posición exacta donde se encuentra el cursor. Por ello, moverlo correctamente es esencial para evitar errores, como insertar texto en lugares incorrectos o eliminar contenido accidentalmente.

El desplazamiento puede realizarse mediante el teclado, el ratón o herramientas específicas del programa. Cada método tiene sus ventajas y se adapta a distintos estilos de trabajo. En entornos profesionales, donde se manejan documentos largos y complejos, es habitual combinar varios métodos para optimizar el flujo de trabajo.

Desplazamiento con teclas de dirección

Las teclas de dirección permiten mover el cursor de forma precisa:

- Flecha izquierda: mueve el cursor un carácter hacia atrás.
- Flecha derecha: mueve el cursor un carácter hacia adelante.
- Flecha arriba: desplaza el cursor a la línea superior.
- Flecha abajo: desplaza el cursor a la línea inferior.

Este tipo de desplazamiento es ideal para revisar texto palabra por palabra o para realizar correcciones puntuales. También es útil cuando se trabaja con párrafos densos, donde el ratón puede resultar menos preciso.

Desplazamiento por palabras y párrafos

El uso combinado de las teclas de dirección con la tecla Ctrl permite realizar desplazamientos más amplios:

- Ctrl + Flecha izquierda: mueve el cursor al inicio de la palabra anterior.
- Ctrl + Flecha derecha: mueve el cursor al inicio de la palabra siguiente.
- Ctrl + Flecha arriba: desplaza el cursor al inicio del párrafo actual.
- Ctrl + Flecha abajo: desplaza el cursor al inicio del párrafo siguiente.

Este tipo de desplazamiento es especialmente útil cuando se revisa un documento en busca de errores o cuando se desea navegar rápidamente por el contenido sin perder precisión.

Desplazamiento al inicio y al final de la línea

Las teclas Inicio y Fin permiten mover el cursor al inicio o al final de la línea actual. Este método es muy utilizado en tareas de edición, especialmente cuando se trabaja con líneas largas o con contenido tabulado.

Desplazamiento por páginas

Las teclas Re Pág (Page Up) y Av Pág (Page Down) permiten desplazarse visualmente por el documento sin cambiar la posición del cursor. Esto resulta útil cuando se desea revisar el contenido sin modificarlo o cuando se busca una sección concreta del documento.

2.6   DIFERENTES MODOS DE SELECCIONAR TEXTO

La selección de texto es una de las operaciones más importantes en la edición de documentos. Seleccionar correctamente permite aplicar formatos, copiar, cortar, eliminar o mover contenido de manera precisa. Aunque seleccionar texto pueda parecer una acción sencilla, existen múltiples métodos que se adaptan a distintas necesidades y estilos de trabajo.

Selección con el ratón

El método más intuitivo consiste en hacer clic y arrastrar el ratón sobre el texto que se desea seleccionar. Este método es ideal para seleccionar fragmentos cortos o para realizar selecciones rápidas. Sin embargo, puede resultar impreciso en textos largos o cuando se necesita seleccionar contenido que no está completamente visible en pantalla.

Selección con el teclado

El teclado permite realizar selecciones más precisas:

- ▶ Shift + Flecha izquierda/derecha: selecciona carácter a carácter.
- ▶ Shift + Flecha arriba/abajo: selecciona línea a línea.
- ▶ Ctrl + Shift + Flecha izquierda/derecha: selecciona palabra a palabra.
- ▶ Ctrl + Shift + Flecha arriba/abajo: selecciona párrafo a párrafo.

Este método es especialmente útil cuando se trabaja con documentos extensos o cuando se necesita seleccionar contenido con precisión quirúrgica.

Selección por clics

Word permite seleccionar texto mediante clics sucesivos:

▼ Un clic: coloca el cursor.

▼ Doble clic: selecciona una palabra

▼ Triple clic: selecciona un párrafo completo.

Este método es muy útil para seleccionar rápidamente unidades completas de contenido sin necesidad de arrastrar el ratón.

Selección de todo el documento

La combinación Ctrl + E permite seleccionar todo el contenido del documento. Esta función es especialmente útil cuando se desea aplicar un formato general, copiar el contenido completo o realizar operaciones globales.

Selección vertical o por columnas

En algunos procesadores de texto, es posible realizar selecciones verticales manteniendo pulsada la tecla Alt mientras se arrastra el ratón. Este tipo de selección es útil para trabajar con texto tabulado o con columnas de datos.

2.7   OPCIONES DE COPIAR Y PEGAR

Las funciones de copiar, cortar y pegar constituyen uno de los pilares fundamentales del trabajo con documentos digitales. Aunque su uso pueda parecer trivial, estas operaciones representan una de las herramientas más potentes para reorganizar contenido, duplicar información, corregir errores y agilizar el flujo de trabajo. En el ámbito profesional, donde los documentos suelen ser extensos y requieren múltiples revisiones, dominar estas funciones es esencial para trabajar con eficacia.

Copiar, cortar y pegar no solo permite mover texto dentro del mismo documento, sino también entre documentos distintos o incluso entre aplicaciones diferentes. Esto convierte al procesador de textos en una herramienta flexible, capaz de integrar información procedente de diversas fuentes.

Copiar contenido

La función copiar (Ctrl + C) permite duplicar el contenido seleccionado sin eliminarlo del documento original. El texto copiado se almacena temporalmente en el portapapeles, desde donde puede pegarse tantas veces como sea necesario. Esta función es especialmente útil cuando se desea reutilizar fragmentos de texto, como definiciones, encabezados, fórmulas o estructuras repetitivas.

Cortar contenido

La función cortar (Ctrl + X) elimina el contenido seleccionado y lo guarda en el portapapeles. Esta operación es ideal para reorganizar el contenido del documento, ya que permite mover fragmentos completos de texto sin necesidad de reescribirlos. Por ejemplo, si se desea cambiar el orden de los párrafos en un informe, cortar y pegar es la forma más rápida y precisa de hacerlo.

Pegar contenido

La función pegar (Ctrl + V) inserta el contenido almacenado en el portapapeles en la posición del cursor. Word ofrece varias opciones de pegado, que permiten conservar el formato original, adaptarlo al formato del destino o pegar solo el texto sin formato. Estas opciones son especialmente útiles cuando se trabaja con contenido procedente de distintas fuentes o cuando se desea mantener la coherencia visual del documento.

Pegado especial

El pegado especial permite insertar el contenido del portapapeles en distintos formatos, como texto sin formato, imagen, HTML o incluso como objeto incrustado. Esta función es muy útil cuando se trabaja con contenido procedente de aplicaciones externas, como hojas de cálculo, gráficos o fragmentos de código.

2.8   USO Y PARTICULARIDADES DEL PORTAPAPELES

El portapapeles es una memoria temporal que almacena el contenido copiado o cortado. Aunque su funcionamiento básico es sencillo, el portapapeles de Microsoft Office incorpora características avanzadas que permiten almacenar múltiples elementos y gestionarlos de forma eficiente.

El portapapeles básico

En su forma más simple, el portapapeles almacena un único elemento: el último contenido copiado o cortado. Cada vez que se realiza una nueva operación de copia o corte, el contenido anterior se reemplaza. Este comportamiento es común en la mayoría de sistemas operativos y aplicaciones.

El portapapeles avanzado de Office

Microsoft Office incorpora un portapapeles ampliado que permite almacenar hasta 24 elementos. Esto significa que el usuario puede copiar múltiples fragmentos de texto, imágenes u objetos y pegarlos en cualquier orden. Esta característica es especialmente útil en tareas de edición complejas, donde se necesita reorganizar grandes cantidades de contenido.

El portapapeles avanzado puede abrirse desde la pestaña Inicio, en el grupo Portapapeles. Al abrirlo, se muestra un panel lateral que contiene todos los elementos almacenados. Cada elemento puede pegarse individualmente o puede pegarse todo el contenido de una sola vez.

Ventajas del portapapeles avanzado

El portapapeles avanzado ofrece varias ventajas:

- Permite almacenar múltiples elementos sin perderlos.
- Facilita la reorganización de contenido complejo.
- Permite pegar contenido en cualquier orden.
- Ofrece una vista previa de cada elemento almacenado.
- Aumenta la productividad en tareas de edición intensiva.

Limitaciones del portapapeles

Aunque el portapapeles es una herramienta muy útil, también presenta algunas limitaciones:

- Su contenido se pierde al cerrar la aplicación o apagar el equipo.
- Algunos elementos, como objetos muy pesados, pueden no almacenarse correctamente.
- El portapapeles avanzado solo está disponible en aplicaciones de Office.

A pesar de estas limitaciones, el portapapeles sigue siendo una herramienta esencial en el trabajo diario con documentos.

2.9   INSERCIÓN DE CARACTERES ESPECIALES

En la redacción profesional, no todo el contenido puede expresarse con los caracteres que aparecen directamente en el teclado. Existen símbolos, signos tipográficos, caracteres matemáticos, letras de alfabetos alternativos y espacios especiales que cumplen funciones muy específicas dentro del texto. Su correcta utilización no solo aporta precisión, sino que también mejora la presentación del documento y evita errores de interpretación.

Microsoft Word incorpora un sistema completo para insertar caracteres especiales, accesible desde la pestaña **Insertar**, en el grupo **Símbolos**. Esta herramienta permite acceder a una amplia biblioteca de caracteres organizados por categorías, lo que facilita su localización y uso.

La importancia de los caracteres especiales en documentos profesionales

En documentos técnicos, administrativos o académicos, los caracteres especiales son esenciales. Por ejemplo:

- En un informe financiero, puede ser necesario insertar el símbolo del euro (€), del yen (¥) o del porcentaje (%).
- En un documento científico, se utilizan letras griegas como α, β, γ o símbolos matemáticos como ≤, ≥, ∑ o √.
- En textos jurídicos o administrativos, se emplean comillas tipográficas (" "), guiones largos (–) o espacios de no separación para evitar cortes incorrectos.
- En manuales técnicos, se utilizan flechas, marcas, símbolos de advertencia o caracteres Unicode específicos.

Cada uno de estos elementos cumple una función concreta y aporta claridad al documento. Por ello, es fundamental conocer cómo insertarlos correctamente.

Acceso al menú de símbolos

El menú de símbolos permite insertar caracteres que no están disponibles en el teclado. Al abrirlo, Word muestra una lista de los símbolos más utilizados recientemente, así como la opción de acceder a la tabla completa de símbolos. Esta tabla incluye cientos de caracteres organizados por categorías:

- Símbolos matemáticos.
- Letras griegas.
- Signos de puntuación especiales.
- Caracteres Unicode.
- Símbolos técnicos.
- Flechas y marcas.
- Símbolos monetarios.

El usuario puede seleccionar el símbolo deseado y hacer clic en **Insertar** para añadirlo al documento.

Uso del espacio de no separación

El espacio de no separación es uno de los caracteres especiales más útiles y, al mismo tiempo, uno de los menos conocidos. Su función es evitar que dos palabras se separen en líneas distintas. Esto es especialmente importante en expresiones como:

- ▰ "10 km".
- ▰ "pág. 25".
- ▰ "Sra. López".
- ▰ "ISO 9001".

Si se utiliza un espacio normal, Word puede dividir la expresión entre líneas, lo que afecta a la legibilidad. El espacio de no separación se inserta mediante la combinación **Ctrl + Shift + Espacio.**

Guiones especiales

Word permite insertar distintos tipos de guiones, cada uno con un uso específico:

- ▰ **Guion corto (-):** se utiliza para unir palabras compuestas.
- ▰ **Guion largo (–):** se utiliza para incisos o aclaraciones.
- ▰ **Guion de no separación:** evita que una palabra compuesta se divida entre líneas.

El uso adecuado de estos guiones aporta profesionalidad al documento y evita errores tipográficos.

Códigos ASCII y Unicode

Algunos caracteres pueden insertarse mediante combinaciones de teclas utilizando códigos ASCII o Unicode. Este método es especialmente útil cuando se necesita insertar un carácter de forma rápida sin acceder al menú de símbolos.

Ejemplos:

- ▰ Alt + 64 → @.
- ▰ Alt + 0128 → €.
- ▰ Alt + 35 → #.
- ▰ Alt + 21 → §.

Este sistema es muy utilizado por usuarios avanzados que trabajan con documentos técnicos o administrativos.

2.10   INSERCIÓN DE FECHA Y HORA

La inserción de la fecha y la hora es una función muy útil en documentos profesionales, especialmente en informes, actas, contratos, comunicaciones internas o documentos que requieren un registro temporal. Word permite insertar la fecha y la hora de forma manual o automática, con distintos formatos según las necesidades del usuario.

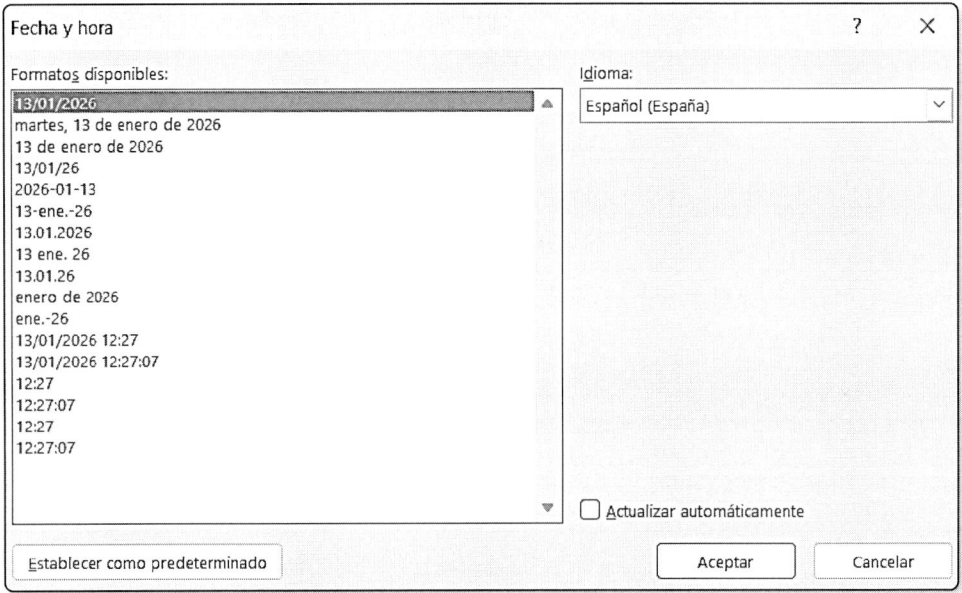

Inserción manual desde el menú

La forma más sencilla de insertar la fecha o la hora es acceder a la pestaña **Insertar** y seleccionar la opción **Fecha y hora**. Al hacerlo, se abre un cuadro de diálogo que permite elegir entre distintos formatos:

- Fecha larga: "12 de enero de 2026".
- Fecha corta: "12/01/2026".
- Hora con formato de 24 horas: "19:51".
- Hora con formato de 12 horas: "7:51 p. m.".

El usuario puede seleccionar el formato deseado y hacer clic en **Aceptar** para insertarlo en el documento.

Actualización automática

Word permite insertar la fecha y la hora como campos automáticos. Esto significa que el contenido se actualizará cada vez que se abra el documento. Esta función es especialmente útil en documentos que se revisan con frecuencia, como informes periódicos o plantillas corporativas.

Para activar esta opción, basta con marcar la casilla **Actualizar automáticamente** en el cuadro de diálogo de fecha y hora.

Inserción mediante atajos de teclado

Word también permite insertar la fecha y la hora mediante combinaciones de teclas:

- **Alt + Shift + D:** inserta la fecha actual.
- **Alt + Shift + T:** inserta la hora actual.

Estos atajos son muy útiles cuando se necesita insertar la fecha o la hora de forma rápida sin acceder al menú.

Uso profesional de la fecha y la hora

En documentos administrativos, la fecha y la hora cumplen funciones esenciales:

- Registrar la creación o modificación del documento.
- Indicar la fecha de emisión de una comunicación.
- Establecer plazos o periodos de validez.
- Documentar la secuencia temporal de un proceso.

Por ello, es importante utilizar formatos claros y coherentes, especialmente en documentos oficiales.

2.11   DESHACER Y REHACER LOS ÚLTIMOS CAMBIOS

La edición de texto es un proceso dinámico en el que es habitual cometer errores, modificar decisiones o experimentar con distintas opciones de formato. Para facilitar este proceso, Word incorpora las funciones **Deshacer** y **Rehacer**, que permiten revertir o restaurar acciones recientes.

Deshacer (Ctrl + Z)

La función Deshacer permite revertir la última acción realizada. Esto incluye:

- Escritura de texto.
- Eliminación de contenido.
- Aplicación de formato.
- Inserción de elementos.
- Movimientos de texto.
- Cambios en la estructura del documento.

Deshacer es una herramienta esencial para corregir errores de forma rápida y segura. Además, Word permite deshacer múltiples acciones consecutivas, lo que ofrece un margen amplio para experimentar sin riesgo.

Rehacer (Ctrl + Y)

La función Rehacer permite restaurar una acción que ha sido deshecha. Esto es útil cuando el usuario cambia de opinión o cuando desea recuperar un estado anterior del documento.

Historial de acciones

En algunas versiones de Word, es acceder a un historial de acciones desde la barra de herramientas. Esto permite deshacer o rehacer varias acciones de forma simultánea, lo que agiliza el proceso de edición.

Importancia en el entorno profesional

En documentos complejos, donde se realizan múltiples modificaciones, las funciones Deshacer y Rehacer son esenciales para mantener el control sobre el contenido. Permiten corregir errores sin afectar al resto del documento y facilitan la experimentación con distintos formatos o estructuras.

Uso de la ayuda de Word

En contextos formativos, la ayuda integrada cumple una función pedagógica relevante. Permite al lector resolver dudas de manera autónoma, reforzando el aprendizaje práctico y fomentando la exploración de nuevas funcionalidades.

El uso habitual de la ayuda contribuye a desarrollar la competencia digital del usuario, ya que le enseña a identificar problemas, formular consultas adecuadas y aplicar soluciones de forma independiente.

Importancia de estos elementos en el trabajo con documentos

La barra de herramientas estándar y la ayuda integrada constituyen dos pilares fundamentales del entorno de trabajo en Word. La primera facilita el acceso rápido a las funciones esenciales, mientras que la segunda actúa como soporte continuo ante dudas o necesidades específicas.

El conocimiento y uso adecuado de ambos elementos permite trabajar con mayor eficacia, reducir errores y aprovechar plenamente las capacidades del procesador de textos.

ACTIVIDADES

Actividad 1. Insertar vs sobrescribir Escribe un párrafo de 6–8 líneas.

1. Activa el modo sobrescribir (Archivo → opciones → avanzadas) y alterna con la tecla *Insert*.
2. En una tabla 2×4, anota: "acción", "modo", "resultado", "tecla/ruta".
3. Guarda el documento con el nombre: cap2_insertar_sobrescribir.docx.

Actividad 2. Selección, copiar/pegar y portapapeles avanzado

1. Copia 10 fragmentos distintos (palabra, frase, párrafo, lista).
2. Abre el portapapeles de Office (Inicio → portapapeles) y pega los elementos en orden distinto al copiado.
3. Practica pegado: conservar formato, combinar formato, solo texto.
4. Añade al final un mini "registro de errores" con 5 errores típicos y cómo los solucionaste.

3

ARCHIVOS DE LA APLICACIÓN DE TRATAMIENTO DE TEXTOS: UBICACIÓN, TIPO Y OPERACIONES CON ELLOS

En un procesador de textos como Microsoft Word, el documento que vemos en pantalla es solo una parte de la realidad. Detrás de cada archivo hay decisiones sobre dónde se guarda, en qué formato, con qué nombre, cómo se comparte, cómo se versiona y cómo se abre o se cierra. En el entorno profesional, donde los documentos tienen valor jurídico, administrativo o económico, la gestión correcta de los archivos es tan importante como el propio contenido del texto.

Este capítulo se centra precisamente en esa dimensión: el archivo como unidad de trabajo. No se trata solo de saber escribir dentro de un documento, sino de dominar el ciclo de vida completo del archivo: creación, guardado, duplicación, actualización, cierre, compatibilidad entre versiones y manejo simultáneo de varios documentos abiertos. Todo ello forma parte de la competencia profesional en tratamiento de textos.

3.1 CONCEPTO DE ARCHIVO DE TEXTO Y UBICACIÓN DE LOS DOCUMENTOS

Un archivo de Word es la forma en que el documento se materializa dentro del sistema informático. Mientras se está redactando, el contenido reside en la memoria del equipo; cuando se guarda, se convierte en un archivo físico que puede almacenarse, copiarse, enviarse, archivarse o compartirse. Ese archivo incluye no solo el texto, sino también los formatos, imágenes, tablas, estilos, comentarios y, en muchos casos, metadatos internos.

Desde el punto de vista del usuario, cada archivo se identifica por tres elementos fundamentales:

- Un **nombre**, que permite reconocerlo.
- Una **extensión o tipo de archivo**, que indica con qué aplicación se abre.
- Una **ubicación**, que determina dónde se guarda (equipo local, red, nube, etc.).

En un entorno doméstico, estas decisiones pueden tomarse de forma poco sistemática. Sin embargo, en un entorno profesional, la ubicación y el nombrado de los documentos siguen normalmente criterios definidos: carpetas por cliente, por proyecto, por año, por departamento; convenciones de nombres; versiones controladas; almacenamiento centralizado, etc. Un uso profesional de Word exige que el usuario se integre en ese sistema y comprenda por qué tiene sentido.

3.1.1   Ubicación de los archivos

Word permite guardar los documentos en distintas ubicaciones:

- ▸ **Equipo local:** el disco duro del propio ordenador.
- ▸ **Unidades extraíbles:** memorias USB, discos externos, tarjetas de memoria.
- ▸ **Unidades de red:** carpetas compartidas en servidores locales de la organización.
- ▸ **Nube (Microsoft 365):** servicios como OneDrive o SharePoint, que permiten trabajo colaborativo y acceso desde distintos dispositivos.

Cada ubicación tiene implicaciones distintas. Guardar en el equipo local puede ser suficiente para trabajos individuales, pero dificulta la colaboración y la copia de seguridad centralizada. Guardar en la nube o en una unidad de red, en cambio, facilita el acceso compartido y la protección de la información.

En muchos casos, el usuario no decide solo: la propia organización define dónde deben guardarse los documentos de trabajo, especialmente cuando contienen datos sensibles o forman parte de procesos regulados. El usuario debe aprender a trabajar de forma coherente con esa política.

3.1.2   Tipo de archivo y extensión

Cada documento de Word se guarda, por defecto, con la extensión **.docx**. Esta extensión identifica el archivo como un documento de Word moderno, basado en formatos abiertos (Office Open XML). No es un simple detalle técnico: la extensión determina qué aplicación se asociará al archivo y cómo lo interpretará el sistema.

Además del .docx, existen otros tipos de archivo relevantes:

- ▸ **.doc** – Formato de Word de versiones antiguas.
- ▸ **.dotx / .dotm** – Plantillas de Word (con o sin macros).
- ▸ **.pdf** – Documento de solo lectura, ideal para distribución externa.
- ▸ **.rtf** – Formato de texto enriquecido, más compatible entre aplicaciones.
- ▸ **.txt** – Texto sin formato, sin estilos ni estructura.
- ▸ **.odt** – Formato de otros procesadores de texto (por ejemplo, LibreOffice).

La elección del tipo de archivo no se hace al azar: depende del destinatario, del uso previsto y del grado de compatibilidad que se necesite. Guardar un documento como .docx es lo ideal para seguir trabajándolo en Word; guardarlo como .pdf es más adecuado cuando se va a enviar a terceros y no se desea que lo modifiquen.

3.2   CREACIÓN DE UN NUEVO DOCUMENTO

La creación de un nuevo documento marca el inicio del ciclo de vida del archivo. A simple vista parece un proceso trivial –"Abrir Word y escribir"–, pero en el trabajo real intervienen algunas decisiones clave: qué tipo de documento se va a elaborar, si existe una plantilla corporativa que deba utilizarse, si el documento formará parte de un expediente, etc.

3.2.1   Documento en blanco

La forma más directa de empezar a trabajar consiste en crear un **documento en blanco**. Al hacerlo, Word genera un nuevo archivo interno sin nombre definitivo, que aparecerá inicialmente con un título provisional (por ejemplo, "Documento1").

En ese momento el documento **ya existe en memoria**, pero todavía no ha sido guardado en el disco ni tiene una ubicación estable. Es una situación similar a tener un borrador sobre la mesa: puede estar muy elaborado, pero mientras no se archive correctamente existe riesgo de pérdida.

Mientras el documento está en ese estado provisional:

▼ Puede editarse con absoluta normalidad.

▼ Puede imprimirse.

▼ Puede enviarse como adjunto (si se guarda temporalmente).

▼ Pero **no tiene todavía un nombre ni una carpeta asignada**.

La primera vez que se guarda, se convierte en un archivo propiamente dicho.

3.2.2   Creación a partir de plantillas

En muchos entornos profesionales no se parte de un documento en blanco, sino de una **plantilla**. Una plantilla es un archivo diseñado previamente que define:

▼ Estructura (portada, índice, secciones, pies).

▼ Estilos de párrafo y carácter.

▼ Elementos de identidad visual (logotipo, colores corporativos).

▼ Campos automáticos (fecha, numeración de páginas, etc.).

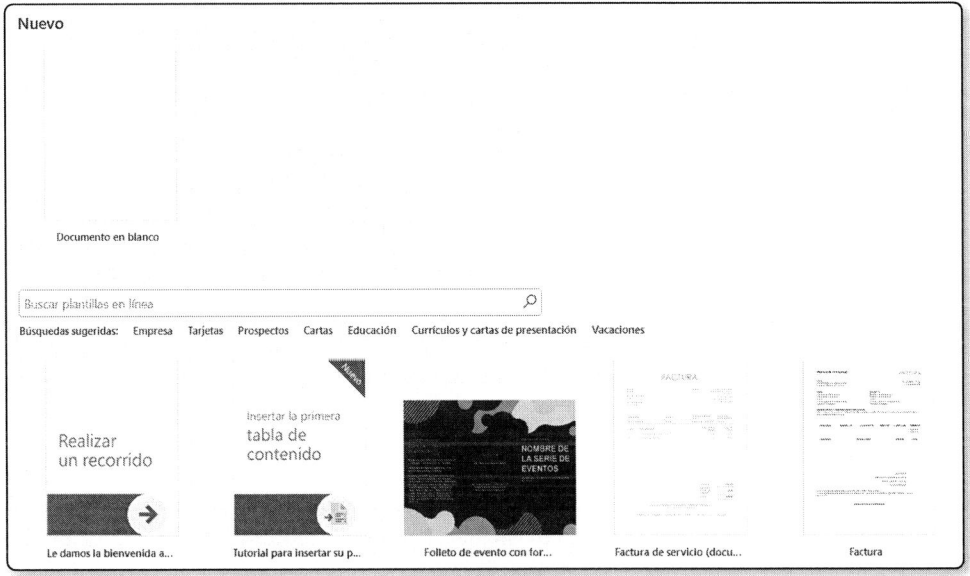

Cuando el usuario selecciona una plantilla, Word crea un nuevo documento basado en ella. Ese documento es independiente: puede modificarse sin alterar la plantilla original. El uso de plantillas no solo ahorra tiempo, sino que garantiza homogeneidad en todos los documentos de una organización.

3.2.3   Documentos temporales y borradores

A menudo, en el trabajo diario se crean documentos que nunca llegarán a ser "definitivos": notas internas, borradores de trabajo, pruebas de formato, textos para revisión… Aunque estos documentos no tengan un valor permanente, deben tratarse como archivos reales: se guardan, se cierran y, si ya no son necesarios, se eliminan de forma controlada.

3.3   APERTURA DE UN DOCUMENTO YA EXISTENTE

Abrir un documento significa recuperar un archivo que ya existe en algún soporte y cargarlo en la memoria de Word para poder verlo, modificarlo o imprimirlo. Esta operación es tan habitual que muchas veces pasa desapercibida, pero tiene matices importantes, especialmente cuando se trabaja con documentos compartidos o con versiones antiguas.

3.3.1   Métodos de apertura

Existen distintas formas de abrir un documento:

- Desde **Archivo > Abrir**, eligiendo la ubicación (Este equipo, OneDrive, Sitios de grupo…).

- Desde la lista de **documentos recientes**, que facilita reanudar trabajos en archivos utilizados frecuentemente.

- Desde el **Explorador de archivos** o el escritorio, haciendo doble clic sobre el archivo.

- Desde un **correo electrónico**, abriendo directamente el archivo adjunto.

Cada método lleva al mismo resultado: el documento aparece en pantalla y pasa a ser un archivo abierto activo.

3.3.2   Modo lectura, modo edición y documentos compartidos

En algunos contextos, un documento puede abrirse en **modo lectura**, especialmente si:

- El archivo está protegido.
- Se ha definido como solo lectura.
- Se abre desde un entorno de consulta.

En otros casos, cuando el archivo se encuentra en una ubicación compartida (por ejemplo, OneDrive o SharePoint), puede suceder que **varios usuarios tengan abierto el mismo documento**. Las versiones más recientes de Word permiten la edición colaborativa en tiempo real, mostrando incluso el cursor de otros usuarios. Sin embargo, cuando se usan versiones antiguas o se trabaja con archivos locales en red, la coexistencia de varios usuarios puede provocar conflictos (copias simultáneas, avisos de "archivo en uso", etc.).

3.3.3   Apertura de documentos dañados o recuperados

No es infrecuente que, por cortes de energía, cierres inesperados o errores de dispositivo, un documento se cierre de forma incorrecta. Word incluye mecanismos de **recuperación automática** que permiten abrir versiones temporales del archivo, normalmente identificadas en la pantalla de inicio con la etiqueta "Recuperado".

Abrir un documento recuperado implica:

- Revisar que la información sea completa.
- Guardar el archivo con un nuevo nombre.
- Verificar que no haya contenido corrupto (párrafos incompletos, formatos extraños, etc.).

3.4   GUARDADO DE LOS CAMBIOS REALIZADOS EN UN DOCUMENTO

Si la creación y apertura de un archivo son importantes, el guardado lo es aún más. Muchos problemas en el trabajo con documentos no tienen que ver con el contenido en sí, sino con **no haber guardado a tiempo**. En formación básica, conviene insistir en la idea de que "trabajar en Word" es, en realidad, ejecutar un ciclo constante de **escribir–guardar–escribir–guardar**.

3.4.1   Guardar y guardar por primera vez

Cuando un documento se guarda por primera vez, Word solicita:

- **Nombre de archivo**.
- **Ubicación**.
- **Tipo de archivo**.

Es en este momento cuando el documento pasa de existir solo en memoria a convertirse en un archivo persistente. A partir de entonces, cada vez que se use **Guardar** (o el icono del disquete), se sobrescribirá el mismo archivo con la versión actualizada.

3.4.2   Guardado manual

El guardado manual se realiza cuando el usuario decide explícitamente que quiere almacenar los cambios. Puede hacerse:

- Con el icono de Guardar.
- Mediante **Ctrl + G** (o Ctrl + S si el teclado está configurado en otro idioma).
- A través del menú Archivo.

Este guardado depende de la decisión consciente del usuario. Es una buena práctica acostumbrarse a pulsar Guardar de manera frecuente, especialmente tras cambios importantes.

3.4.3   Guardado automático y recuperación

En las versiones integradas con Microsoft 365, cuando el documento se guarda en la nube, puede activarse el **Guardado automático**. Este mecanismo va almacenando los cambios a medida que se producen, reduciendo al mínimo la posibilidad de pérdida de información. Unido a ello, Word mantiene un historial de versiones que permite recuperar estados anteriores del documento.

No obstante, incluso con guardado automático, es importante entender que la decisión sobre el **nombre**, la **ubicación** y el **formato** del archivo sigue siendo responsabilidad del usuario.

3.4.4   Guardar antes de cerrar o cambiar de contexto

Siempre que se va a:

⚑ Cerrar el documento.
⚑ Cerrar Word.
⚑ Apagar el equipo.
⚑ Cambiar de usuario en el sistema.

Conviene asegurarse de que el documento está guardado. Word avisa cuando detecta cambios no guardados, pero confiar exclusivamente en ese aviso es una mala práctica en entornos donde la documentación es crítica.

3.5   DUPLICACIÓN DE UN DOCUMENTO CON "GUARDAR COMO"

La función **Guardar como** representa un punto de inflexión en el ciclo de vida del archivo: a partir de un documento existente, se crea una **nueva rama**. Esta función es esencial para gestionar versiones, plantillas reutilizables y copias para distintos destinatarios.

3.5.1   Duplicar para trabajar con versiones

En muchos procesos, especialmente cuando un documento pasa por varias etapas (borrador, revisión interna, versión para cliente, versión final), es conveniente crear copias que reflejen cada hito. Una forma habitual de hacerlo consiste en usar **Guardar como** y adoptar una convención de nombres, por ejemplo:

⚑ Informe_ProyectoX_v1.
  • Informe_ProyectoX_v2_Revisión.
  • Informe_ProyectoX_v3_Final.

De este modo, el documento más reciente está claramente identificado, pero las versiones anteriores permanecen disponibles para consulta o contraste.

3.5.2   Duplicar para proteger el original

A veces interesa conservar una copia inalterable del documento original y trabajar sobre una copia. Por ejemplo:

⚑ Formularios modelo.
⚑ Documentación oficial aprobada.
⚑ Plantillas con formato consolidado.

En estos casos, se abre el archivo original y se utiliza **Guardar como** para crear una copia de trabajo. El original permanece intacto, sirviendo como referencia o plantilla de partida.

3.5.3   Guardar en otro formato

Guardar como no sirve solo para cambiar el nombre o la ubicación, sino también para **cambiar el formato**. A partir de un documento .docx se puede generar:

▼ Un .doc compatible con versiones antiguas.

▼ Un .pdf para distribución externa.

▼ Un .rtf si se necesita compatibilidad entre distintas aplicaciones.

▼ Un .txt cuando solo interesa el contenido textual, sin formatos.

UF0320 APLICACIONES INFORMÁTICAS DE TRATAMIENTO DE TEXTOS
Documento de Word (*.docx)
Documento de Word (*.docx)
Documento habilitado con macros de Word (*.docm)
Documento de Word 97-2003 (*.doc)
Plantilla de Word (*.dotx)
Plantilla habilitada con macros de Word (*.dotm)
Plantilla de Word 97-2003 (*.dot)
PDF (*.pdf)

Cada decisión responde a una necesidad concreta: compatibilidad, protección frente a modificaciones, peso del archivo, etc.

3.6   CIERRE DE UN DOCUMENTO

Cerrar un documento parece una acción menor, pero forma parte del ciclo de trabajo: un documento se abre, se edita, se guarda y finalmente se cierra. Saber cerrar correctamente evita confusiones y ayuda a mantener el entorno de trabajo ordenado.

3.6.1   Cerrar documento vs. cerrar aplicación

Es importante distinguir:

▼ **Cerrar documento:** se cierra solo el archivo activo; Word sigue abierto.

▼ **Cerrar Word:** se cierran todos los documentos abiertos y se finaliza la aplicación.

En la práctica profesional, suele ser habitual mantener Word abierto y cerrar solo aquellos documentos que ya no se están utilizando, especialmente cuando se trabaja con varios archivos a la vez.

3.6.2 Avisos de cambios no guardados

Cuando el usuario intenta cerrar un documento que contiene cambios no guardados, Word muestra un aviso:

- Guardar cambios.
- No guardar.
- Cancelar el cierre.

En un entorno de trabajo riguroso, la opción "No guardar" se usa solo en casos muy concretos (pruebas, contenido expresamente descartado). En la mayoría de los casos, la decisión correcta es **guardar antes de cerrar**.

3.6.3 Cierre forzado y recuperación

Si el programa se cierra de forma anómala (por un error o una interrupción del sistema), al volver a abrir Word se muestra el panel de **Recuperación de documentos**, que intenta rescatar el contenido que estaba en memoria. Aunque esta función es muy útil, no debe considerarse un sustituto del guardado regular.

3.7 COMPATIBILIDAD DE LOS DOCUMENTOS DE DISTINTAS VERSIONES U APLICACIONES

En la realidad laboral, no todos los documentos se crean ni se abren en la misma versión de Word ni en el mismo procesador de textos. La **compatibilidad** se convierte, por tanto, en un aspecto crucial para evitar problemas al compartir archivos.

3.7.1 Compatibilidad hacia versiones anteriores

Cuando se crea un documento en una versión moderna de Word y se envía a un usuario que trabaja con una versión antigua, pueden producirse problemas si este no puede abrir correctamente el archivo .docx. En estos casos, existen varias opciones:

- Guardar el archivo en formato .doc (modo de compatibilidad).
- Exportar el documento a .pdf si el receptor solo necesita leerlo.
- Recomendar la actualización de la versión de Office, cuando es posible.

Al guardar en modos de compatibilidad, algunas características avanzadas (como determinados estilos, elementos gráficos o componentes de diseño) pueden perderse o simplificarse.

3.7.2 Compatibilidad con otros procesadores de texto

Aplicaciones como LibreOffice Writer, Google Docs o Apple Pages pueden abrir y editar archivos .docx, pero no siempre interpretan los formatos de la misma manera. Los problemas suelen aparecer en:

- Tablas complejas.
- Imágenes ancladas.
- Encabezados y pies con elementos avanzados.
- Campos automáticos.
- Estilos personalizados.

Por eso, cuando un documento debe conservar su aspecto exacto al ser enviado a personas que no utilizan Word, suele ser preferible convertirlo a **PDF**.

3.7.3 Uso de PDF como formato de intercambio

El formato PDF es, en la práctica, el estándar de intercambio para documentos que no necesitan ser editados por el receptor. Al usar **Guardar como > PDF**:

- Se mantiene la maquetación.
- Se reduce la posibilidad de modificación.
- Se mejora la compatibilidad entre sistemas operativos y dispositivos.

En organizaciones donde los documentos tienen valor legal, es habitual que las versiones "oficiales" se conserven o distribuyan en PDF, mientras que las versiones de trabajo se mantienen en .docx.

3.8 MENÚ DE VENTANA Y MANEJO DE VARIOS DOCUMENTOS

La última dimensión de este capítulo tiene que ver con la **gestión simultánea de varios documentos**. En la práctica profesional rara vez se trabaja con un solo archivo: es habitual tener abiertos contratos, informes, plantillas, correos exportados, anexos, etc. Saber manejar varios documentos a la vez es una habilidad clave.

3.8.1 Cambiar de documento activo

Cuando se tienen varios documentos abiertos, el usuario puede cambiar de uno a otro:

- Desde la barra de tareas del sistema operativo.
- Desde el menú **Vista > Cambiar ventanas**, que muestra una lista de documentos activos.
- Mediante atajos de teclado, como **Ctrl + F6** o **Ctrl + Tab** (según configuración).

Lo importante es entender que solo hay **un documento activo** en cada momento, que es el que recibe las acciones de escritura, formato o guardado.

3.8.2 Ver documentos en paralelo

Word permite organizar la visualización de varios documentos mediante opciones como:

- **Ver en paralelo** – dos documentos visibles simultáneamente, uno junto al otro.
- **Sincronizar el desplazamiento** – ambos documentos se desplazan al mismo tiempo, útil para comparar versiones.
- **Organizar todo** – distribuye todas las ventanas abiertas de forma que puedan verse a la vez.

Estas funciones son especialmente útiles cuando se necesita:

- Comparar versiones de un mismo contrato.
- Copiar fragmentos entre documentos.
- Revisar un texto siguiendo un original de referencia.

3.8.3 Identificación clara de cada documento

Cuando se trabaja con muchos archivos abiertos, es fácil confundirse si los nombres no están bien elegidos. Por eso, se recomienda:

- Usar nombres de archivo descriptivos.
- Evitar tener abiertos documentos diferentes con el mismo nombre en ubicaciones distintas.
- Cerrar aquellos archivos que ya no se están utilizando, para reducir el ruido visual.

ACTIVIDADES

Actividad 1. Formatos y compatibilidad (docx, pdf, rtf, txt)

1. Crea un documento con título, una tabla y una imagen.
2. Guarda versiones con "Guardar como" en: .docx, .pdf, .rtf y .txt.
3. Abre cada versión y anota qué elementos se conservan o se pierden (tabla comparativa).

Actividad 2. Versionado y trabajo con varios documentos

1. Crea una versión v1, luego v2_revision y v3_final usando "Guardar como".
2. Abre dos versiones en paralelo (Vista → ver en paralelo) y activa "sincronizar desplazamiento".
3. Copia cambios de una versión a otra y deja constancia en una tabla "cambio / dónde / por qué".

4

UTILIZACIÓN DE LAS DIFERENTES POSIBILIDADES QUE OFRECE EL PROCESADOR DE TEXTOS PARA MEJORAR EL ASPECTO DEL TEXTO

En un documento profesional, el contenido es fundamental, pero **la forma en que se presenta ese contenido es igualmente decisiva**. Un texto mal formateado puede transmitir desorden, falta de rigor o incluso dificultar la comprensión del mensaje. Por el contrario, un documento bien estructurado, con una tipografía adecuada, un espaciado equilibrado y un uso inteligente de estilos, facilita la lectura, guía la atención del lector y refuerza la credibilidad del autor.

Microsoft Word ofrece un conjunto muy amplio de herramientas para mejorar el aspecto del texto. Estas herramientas no son simples adornos: forman parte de la comunicación escrita. En el ámbito profesional, donde los documentos pueden ser informes, memorias, propuestas, actas o comunicaciones internas, dominar estas funciones es una competencia esencial.

Este capítulo profundiza en todas las posibilidades que ofrece Word para mejorar la apariencia del texto, explicando no solo **cómo** se aplican, sino también **cuándo** y **por qué** utilizarlas.

4.1 FUENTE: LA IDENTIDAD VISUAL DEL TEXTO

La fuente es el elemento más básico y, al mismo tiempo, más influyente en la apariencia del documento. Determina la forma de las letras, su tamaño, su estilo y su color. Elegir correctamente la fuente es fundamental para garantizar la legibilidad y transmitir la imagen adecuada.

4.1.1   Tipo de fuente: serif y sans serif

Las fuentes pueden clasificarse en dos grandes familias:

Fuentes serif

Tienen pequeños remates en los extremos de las letras. Ejemplos:

- Times New Roman.
- Georgia.
- Garamond.

Se asocian a documentos formales, académicos o impresos. Su diseño facilita la lectura en papel, ya que los remates guían la mirada a lo largo de las líneas.

Fuentes Sans Serif

No tienen remates. Ejemplos:

- Calibri.
- Arial.
- Segoe UI.

Transmiten modernidad, claridad y simplicidad. Son ideales para documentos digitales, presentaciones o informes técnicos.

¿Cuál elegir?

Depende del contexto:

- **Informe técnico digital:** Calibri o Segoe UI.
- **Documento jurídico:** Times New Roman.
- **Manual formativo:** una Sans Serif clara.
- **Presentación visual:** una fuente moderna y limpia.

La coherencia es clave: un documento no debe mezclar demasiadas fuentes.

4.1.2   Estilo de fuente: negrita, cursiva, subrayado

El estilo modifica la apariencia de la fuente sin cambiar su tipo.

Negrita

Resalta palabras clave, títulos o conceptos importantes. Debe usarse con moderación: demasiada negrita pierde su efecto.

Cursiva

Se utiliza para:

- Citas.
- Títulos de obras.
- Palabras extranjeras.
- Énfasis suave.

Subrayado

En documentos impresos puede resultar útil, pero en documentos digitales se confunde con enlaces. Se recomienda usarlo solo cuando sea necesario.

Combinaciones

Negrita + cursiva puede utilizarse para destacar elementos dentro de un texto ya enfatizado.

4.1.3   Tamaño de fuente

El tamaño se mide en puntos (pt). En documentos profesionales:

- Texto normal: **10–12 pt.**
- Títulos: **14–18 pt.**
- Encabezados: **12–14 pt.**
- Notas al pie: **8–9 pt.**

Un tamaño demasiado pequeño dificulta la lectura; uno demasiado grande rompe la armonía visual.

4.1.4   Color de fuente

El color permite destacar información, pero debe utilizarse con criterio.

- **Negro:** estándar profesional.
- **Azul oscuro:** aceptable en documentos corporativos.
- **Rojo:** para advertencias o correcciones.
- **Colores vivos:** solo en materiales didácticos o creativos.

La legibilidad siempre debe ser prioritaria.

4.1.5   Efectos de fuente

Word permite aplicar efectos como:

- Sombra.
- Contorno.
- Relieve.
- Tachado.
- Versalitas.
- Mayúsculas pequeñas.

Estos efectos pueden aportar elegancia en títulos o encabezados, pero deben evitarse en textos largos.

4.1.6   Espaciado entre caracteres

El espaciado controla la distancia entre letras:

- **Normal:** el más utilizado.
- **Expandido:** útil en títulos o logotipos.
- **Comprimido:** para ajustar textos largos en espacios reducidos.

También permite ajustar la **posición** del texto (elevado o bajado), útil para fórmulas químicas o matemáticas.

4.1.7   Cambio de mayúsculas a minúsculas

Word permite transformar el texto sin reescribirlo:

- Mayúsculas.
- Minúsculas.
- Tipo oración.
- Poner en mayúsculas cada palabra.
- Alternar mayúsculas y minúsculas.

Esta herramienta es especialmente útil cuando:

- Se ha escrito con el bloqueo de mayúsculas activado.
- Se necesita adaptar títulos.
- Se corrigen textos importados de otras fuentes.

4.1.8   Teclas rápidas asociadas

Las teclas rápidas permiten aplicar formato sin usar el ratón:

- **Ctrl + N:** negrita.
- **Ctrl + K:** cursiva.
- **Ctrl + S:** subrayado.
- **Ctrl + Mayús + A:** mayúsculas.
- **Ctrl + Mayús + K:** versalitas.
- **Ctrl + Mayús + > / <:** aumentar o reducir tamaño.
- **Ctrl + D:** abrir cuadro de diálogo de fuente.

Estas combinaciones aceleran enormemente el trabajo.

4.2 EL PÁRRAFO COMO UNIDAD VISUAL Y ESTRUCTURAL

Si la fuente define la apariencia de los caracteres, el párrafo define la **estructura visual del texto**. Un documento profesional no se compone únicamente de palabras: se compone de **bloques de información**, y cada bloque debe estar correctamente alineado, espaciado y organizado para que el lector pueda navegar por él sin esfuerzo.

En Word, el párrafo es una unidad lógica que se crea cada vez que pulsamos la tecla **Intro**. Aunque pueda parecer un gesto simple, cada párrafo contiene una serie de propiedades invisibles que determinan:

- ▶ Su alineación.
- ▶ Su sangría.
- ▶ Su espaciado vertical.
- ▶ Su interlineado.
- ▶ Sus bordes.
- ▶ Su sombreado.
- ▶ Su comportamiento en relación con los párrafos vecinos.

Dominar estas propiedades es esencial para producir documentos claros, equilibrados y profesionales.

4.3   ALINEACIÓN DE PÁRRAFOS

La alineación determina cómo se distribuye el texto horizontalmente entre los márgenes. Word ofrece cuatro tipos principales, cada uno con un propósito específico.

4.3.1   Alineación izquierda

Es la alineación predeterminada y la más utilizada. El texto se ajusta al margen izquierdo, mientras que el derecho queda irregular.

Se utiliza en:

- Informes técnicos.
- Documentos administrativos.
- Manuales.
- Comunicaciones internas.

Es la alineación más legible en pantalla.

4.3.2   Alineación derecha

El texto se ajusta al margen derecho. Se utiliza para:

- Fechas.
- Firmas.
- Datos de contacto.
- Elementos decorativos.

No debe usarse para párrafos largos, ya que dificulta la lectura.

4.3.3   Alineación centrada

El texto se sitúa en el centro del espacio disponible. Ideal para:

- Títulos.
- Encabezados.
- Portadas.
- Dedicatorias.

Debe usarse con moderación.

4.3.4   Alineación justificada

El texto se ajusta a ambos márgenes, creando un bloque visual uniforme. Es habitual en:

- Documentos impresos.
- Informes formales.
- Publicaciones.

Sin embargo, puede generar espacios irregulares si el texto es corto o contiene palabras largas.

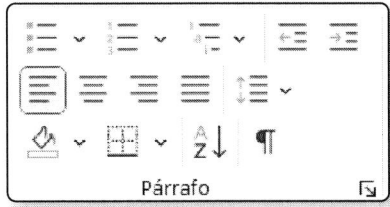

4.4 SANGRÍAS: CONTROL DEL INICIO DEL TEXTO

La sangría determina la distancia entre el margen y el inicio del texto. Es una herramienta fundamental para estructurar documentos largos, crear jerarquías visuales y mejorar la legibilidad.

Word permite aplicar varios tipos de sangría:

4.4.1 Sangría de primera línea

Desplaza solo la primera línea del párrafo hacia la derecha. Es típica en:

- Textos narrativos.
- Informes extensos.
- Documentos académicos.

Ayuda a separar visualmente los párrafos sin necesidad de añadir espacio extra.

4.4.2 Sangría francesa

Desplaza todas las líneas excepto la primera. Se utiliza en:

- Bibliografías.
- Listas de referencias.
- Índices.
- Esquemas legales.

Permite identificar rápidamente el inicio de cada entrada.

4.4.3 Sangría izquierda y derecha

Desplazan todo el párrafo hacia dentro o hacia fuera. Son útiles para:

- Citas destacadas.
- Recuadros informativos.
- Notas aclaratorias.

4.4.4   Aplicación desde el menú y desde la regla

Las sangrías pueden aplicarse de dos formas:

Desde el menú Párrafo

Permite introducir valores exactos en centímetros.

Desde la regla

Es el método más visual:

▶ El triángulo superior controla la primera línea.

▶ El triángulo inferior controla el resto del párrafo.

▶ El rectángulo controla la sangría izquierda completa.

CAPTURA 4 – Regla de Word mostrando los marcadores de sangría

4.5   ESPACIADO ENTRE PÁRRAFOS Y LÍNEAS

El espaciado vertical es uno de los elementos más importantes para la legibilidad. Un documento con poco espaciado parece denso y difícil de leer; uno con demasiado espaciado parece desordenado.

Word permite controlar dos aspectos:

4.5.1   Interlineado

Determina la distancia entre líneas dentro del mismo párrafo.

Opciones habituales:

▼ **Sencillo.**

▼ **1,15** (muy usado en documentos modernos).

▼ **1,5 líneas.**

▼ **Doble.**

▼ **Múltiple** (permite valores personalizados).

El interlineado adecuado depende del tipo de documento:

▼ Informes técnicos: 1,15.

▼ Documentos académicos: 1,5.

▼ Manuscritos literarios: doble.

4.5.2   Espaciado antes y después del párrafo

Permite separar párrafos sin insertar líneas en blanco. Es una práctica profesional recomendada porque:

▼ Mantiene la coherencia visual.

▼ Evita saltos irregulares.

▼ Facilita la maquetación.

Por ejemplo:

▼ Espacio antes: 6 pt.

▼ Espacio después: 6 pt.

4.6   BORDES Y SOMBREADOS

Los bordes y sombreados permiten destacar secciones del texto, crear recuadros informativos o mejorar la presentación de títulos y encabezados.

4.6.1   Bordes de párrafo

Word permite aplicar bordes:

▼ Alrededor del párrafo.

▼ Solo arriba.

▼ Solo abajo.

▼ Solo a un lado.

▼ Con distintos grosores y estilos.

Se utilizan para:

� Citas destacadas.
▸ Recuadros de advertencia.
▸ Encabezados de sección.
▸ Elementos decorativos.

4.6.2 Sombreado

El sombreado añade un fondo de color detrás del texto o del párrafo.

Es útil para:

▸ Resaltar notas.
▸ Crear bloques informativos.
▸ Señalar instrucciones.
▸ Diferenciar secciones.

Debe usarse con moderación para evitar saturación visual.

4.7 TECLAS RÁPIDAS ASOCIADAS A OPERACIONES DE PÁRRAFO

▸ **Ctrl + T:** sangría francesa.
▸ **Ctrl + Q:** quitar formato de párrafo.
▸ Ctrl + 1: interlineado sencillo.
▸ Ctrl + 2: interlineado doble.
▸ Ctrl + 5: interlineado 1,5.
▸ Ctrl + E: centrar.
▸ Ctrl + J: justificar.
▸ Ctrl + D: abrir cuadro de fuente (útil para espaciado).

4.8 VIÑETAS Y NUMERACIÓN: ORGANIZAR LA INFORMACIÓN PARA HACERLA LEGIBLE

Una parte esencial de la presentación del texto consiste en **organizar la información de forma clara y estructurada**. En documentos profesionales, es habitual que el contenido incluya listas de elementos, pasos, ideas clave o apartados que deben destacarse visualmente. Word ofrece varias herramientas para ello: viñetas, listas numeradas y esquemas multinivel.

Estas herramientas no solo mejoran la estética del documento, sino que también ayudan al lector a comprender la jerarquía de la información y a navegar por ella con mayor facilidad. En un informe técnico, por ejemplo, una lista bien construida puede marcar la diferencia entre un texto confuso y uno perfectamente claro.

4.9 VIÑETAS: LISTAS SIN ORDEN ESPECÍFICO

Las viñetas se utilizan cuando los elementos de la lista no siguen un orden concreto. Son ideales para enumerar características, ideas, requisitos o elementos independientes entre sí.

4.9.1 Tipos de viñetas

Word ofrece una amplia variedad de viñetas:

- Círculos.
- Cuadrados.
- Flechas.
- Símbolos personalizados.
- Imágenes como viñetas.

La elección depende del estilo del documento. En entornos profesionales, se recomienda utilizar viñetas simples y discretas, evitando símbolos demasiado decorativos que puedan distraer al lector.

4.9.2 Cuándo usar viñetas

Las viñetas son útiles cuando:

- Los elementos no siguen un orden lógico.
- Se desea presentar información de forma compacta.
- Se quiere evitar párrafos largos y densos.
- Se enumeran características o propiedades.

Por ejemplo, en un manual de procedimientos, una lista de materiales o requisitos previos suele presentarse con viñetas.

4.9.3 Personalización de viñetas

Word permite personalizar las viñetas:

- Cambiar el símbolo.
- Cambiar el tamaño.
- Cambiar el color.
- Definir viñetas personalizadas con imágenes o caracteres especiales.

Esta flexibilidad permite adaptar la lista al estilo del documento.

4.10   LISTAS NUMERADAS: CUANDO EL ORDEN IMPORTA

Las listas numeradas se utilizan cuando los elementos siguen un orden lógico o secuencial. Son esenciales en:

- Procedimientos paso a paso.
- Instrucciones técnicas.
- Procesos administrativos.
- Enumeración de argumentos.

4.10.1   Formatos de numeración

Word permite utilizar distintos formatos:

- 1, 2, 3….
- a, b, c….
- A, B, C….
- I, II, III….
- Combinaciones personalizadas.

Cada formato transmite un nivel de formalidad distinto. Por ejemplo, los números romanos suelen utilizarse en documentos jurídicos o académicos.

4.10.2   Reiniciar o continuar numeración

Word permite:

- Reiniciar la numeración en cualquier punto.
- Continuar la numeración desde una lista anterior.
- Combinar listas numeradas con viñetas.

Esto es especialmente útil en documentos largos con múltiples secciones.

4.11   ESQUEMA NUMERADO: LISTAS MULTINIVEL

Las listas multinivel permiten crear estructuras jerárquicas complejas. Son fundamentales en:

- Informes extensos.
- Documentos técnicos.
- Manuales.
- Normativas.
- Proyectos.

Un esquema multinivel típico puede tener esta forma:

1. Introducción 1.1. Objetivos 1.2. Alcance.
2. Desarrollo 2.1. Metodología 2.1.1. Técnicas utilizadas 2.1.2. Herramientas 2.2. Resultados.
3. Conclusiones.

4.11.1   Ventajas del esquema multinivel

▼ Permite organizar grandes volúmenes de información.
▼ Facilita la navegación del lector.
▼ Refuerza la estructura lógica del documento.
▼ Se integra con el sistema de estilos de Word.

4.11.2   Relación con los estilos

Los esquemas multinivel funcionan mejor cuando se combinan con estilos de título (Título 1, Título 2, etc.). Esto permite:

▼ Crear índices automáticos.
▼ Mantener la coherencia visual.
▼ Reorganizar secciones fácilmente.

4.12   TABULACIONES: ALINEACIÓN PRECISA SIN TABLAS

Las tabulaciones son una herramienta clásica del tratamiento de textos. Permiten alinear texto en columnas sin necesidad de utilizar tablas. Aunque muchos usuarios modernos recurren directamente a las tablas, las tabulaciones siguen siendo esenciales en documentos como:

▼ Formularios.
▼ Listados.
▼ Documentos administrativos.
▼ Textos con columnas simples.

4.12.1   Tipos de tabulaciones

Word ofrece cinco tipos principales:

Tabulación izquierda

El texto se alinea a la izquierda del tabulador. Es la más común.

Tabulación derecha

El texto se alinea a la derecha del tabulador. Ideal para números o importes.

Tabulación centrada

El texto queda centrado en la posición del tabulador. Útil para títulos o columnas equilibradas.

Tabulación decimal

Alinea los números por la coma decimal. Es imprescindible en documentos contables o financieros.

Tabulación de barra

Inserta una línea vertical en la posición del tabulador. Se utiliza en formularios o documentos estructurados.

4.13　MANEJO DE TABULADORES DESDE EL CUADRO DE DIÁLOGO

El cuadro de diálogo **Tabulaciones** permite un control preciso:

- Establecer posiciones exactas en centímetros.
- Elegir el tipo de tabulación.
- Definir rellenos (puntos, guiones, líneas).
- Borrar tabuladores individuales o todos a la vez.

Este método es ideal cuando se necesita precisión milimétrica.

4.14　USO DE LA REGLA PARA ESTABLECER Y MODIFICAR TABULACIONES

La regla es el método más visual y rápido para trabajar con tabuladores.

4.14.1　Cómo funciona

1. Se selecciona el tipo de tabulación en el selector de la esquina superior izquierda.
2. Se hace clic en la regla para colocar el tabulador.
3. Se arrastra para moverlo.
4. Se elimina arrastrándolo fuera de la regla.

4.14.2　Ventajas de la regla

- Permite ver la estructura del documento de un vistazo.
- Facilita la alineación de columnas simples.
- Es ideal para usuarios visuales.

ACTIVIDADES

Actividad 1. Mejora integral del aspecto de un texto

Aplicar de forma práctica las herramientas de formato de fuente y párrafo para transformar un texto sin formato en un documento profesional, legible y visualmente equilibrado.

Actividad 2. Construcción de listas y uso de tabulaciones

El lector trabajará con un documento que contiene información desordenada. Su tarea será organizarla utilizando listas y tabulaciones, aplicando criterios de claridad y estructura. Esta actividad permite comprender la diferencia entre listas simples, listas jerárquicas y alineación mediante tabuladores.

5

CONFIGURACIÓN DE PÁGINA EN FUNCIÓN DEL TIPO DE DOCUMENTO Y VISUALIZACIÓN DEL RESULTADO ANTES DE LA IMPRESIÓN

5.1 LA IMPORTANCIA DE LA PÁGINA COMO ESPACIO DE COMUNICACIÓN

Cuando pensamos en un documento de texto, solemos centrarnos en las palabras, en las ideas que queremos transmitir o en la estructura del contenido. Sin embargo, existe un elemento previo que condiciona todo lo demás: **la página**. La página es el espacio físico –o digital– donde se desarrolla el documento, y su configuración determina cómo se distribuye el texto, cómo respira, cómo se percibe y, en última instancia, cómo se interpreta.

En un entorno profesional, donde los documentos pueden ser informes, memorias, propuestas, contratos o manuales, la configuración de página no es un detalle técnico: es una decisión editorial. Un margen demasiado estrecho puede transmitir sensación de saturación; una orientación incorrecta puede dificultar la lectura de una tabla; un encabezado mal diseñado puede restar seriedad al documento. Por eso, antes de escribir una sola palabra, conviene detenerse a pensar en el espacio donde esas palabras van a vivir.

Word ofrece un conjunto muy completo de herramientas para configurar la página. No se trata solo de elegir márgenes o tamaño de papel, sino de comprender cómo cada decisión afecta al resultado final. En este capítulo exploraremos estas herramientas desde una perspectiva práctica y con ejemplos reales y recomendaciones profesionales.

5.2 MÁRGENES: EL ESPACIO QUE PERMITE RESPIRAR AL TEXTO

Los márgenes son los espacios en blanco que rodean el contenido. Aunque a simple vista puedan parecer un elemento secundario, cumplen una función esencial: **proteger el texto**, darle aire y facilitar la lectura. Un documento sin márgenes adecuados resulta incómodo, denso y poco profesional.

En Word, los márgenes pueden configurarse desde la pestaña **Diseño**, donde se ofrecen varias opciones predeterminadas. Sin embargo, lo importante no es memorizar los valores, sino entender qué efecto producen.

Los márgenes estrechos permiten incluir más texto por página, pero sacrifican comodidad visual. Los márgenes amplios, en cambio, aportan elegancia y claridad, aunque aumentan la extensión del documento. En informes corporativos, lo habitual es utilizar márgenes moderados; en documentos académicos, márgenes amplios para permitir anotaciones; en manuales, márgenes reflejados para facilitar la encuadernación.

La clave está en elegir márgenes que acompañen al propósito del documento.

5.3 ORIENTACIÓN Y TAMAÑO DE PAPEL: ADAPTAR EL DOCUMENTO AL CONTENIDO

La orientación determina si el documento se presenta en vertical o en horizontal. La orientación vertical es la más habitual, pero la horizontal puede resultar imprescindible cuando se trabaja con tablas anchas, gráficos o diagramas que necesitan más espacio horizontal.

El tamaño del papel también influye en la percepción del documento. En Europa, el formato estándar es el **A4**, pero Word permite trabajar con otros tamaños como A3, Carta o incluso tamaños personalizados. En documentos técnicos, por ejemplo, es frecuente utilizar A3 para planos o esquemas.

Lo importante es que la elección del tamaño y la orientación no sea arbitraria, sino coherente con el contenido.

5.4 LA REGLA: UNA HERRAMIENTA VISUAL PARA AJUSTAR MÁRGENES Y SANGRÍAS

Aunque Word permite configurar márgenes desde el menú, muchos profesionales prefieren utilizar la **regla**, una herramienta visual que permite ajustar márgenes y sangrías de forma intuitiva. La regla muestra los límites de la página y permite arrastrar los marcadores para modificar el espacio disponible.

Esta herramienta es especialmente útil cuando se trabaja con documentos complejos, ya que permite ver de un vistazo cómo se distribuye el texto.

5.5   MODOS DE VISUALIZACIÓN: VER EL DOCUMENTO DESDE DISTINTAS PERSPECTIVAS

Antes de imprimir un documento, es fundamental visualizarlo correctamente. Word ofrece varios modos de visualización, cada uno pensado para una fase distinta del trabajo.

La **vista de impresión** es la más utilizada, ya que muestra el documento tal como aparecerá en papel. La **vista de lectura** optimiza el contenido para pantallas, mientras que la **vista web** permite ver cómo se comportaría el documento en un entorno digital. La **vista esquema** es ideal para reorganizar documentos largos, y la **vista borrador** facilita la edición rápida sin distracciones.

El **zoom** también juega un papel importante. Acercar permite revisar detalles; alejar permite ver la estructura general. Un buen profesional alterna entre ambas perspectivas para garantizar que el documento funciona tanto a nivel micro como macro.

5.6   VISTA PRELIMINAR: EL ÚLTIMO FILTRO ANTES DE IMPRIMIR

La vista preliminar es el equivalente digital a sostener una hoja impresa entre las manos. Permite ver exactamente cómo quedará el documento: dónde empiezan y terminan las páginas, cómo se distribuyen los encabezados, si los saltos están bien colocados, si las imágenes están alineadas, si la numeración es correcta.

Es una herramienta imprescindible antes de imprimir documentos importantes, especialmente cuando se trata de informes, memorias o documentos que se entregarán a terceros.

5.7   ENCABEZADOS Y PIES DE PÁGINA: IDENTIDAD Y COHERENCIA

Los encabezados y pies de página son elementos que acompañan al documento de principio a fin. Su función no es decorativa: aportan identidad, contexto y coherencia. En un informe corporativo, por ejemplo, el encabezado puede incluir el logotipo de la empresa, mientras que el pie puede mostrar la fecha, el nombre del departamento o la numeración.

Word permite crear encabezados y pies de forma sencilla, pero también ofrece opciones avanzadas: encabezados distintos para páginas pares e impares, encabezados diferentes por sección, inserción de imágenes, campos automáticos, etc.

Un documento sin encabezado puede parecer incompleto; uno con un encabezado mal diseñado puede resultar confuso. La clave está en encontrar un equilibrio entre estética y funcionalidad.

5.8 NUMERACIÓN DE PÁGINAS: ORDEN Y REFERENCIA

La numeración es esencial en documentos largos. Permite al lector orientarse, facilita la referencia cruzada y aporta orden. Word permite insertar números de página en distintas posiciones y con distintos formatos: números arábigos, romanos, letras, etc.

También permite reiniciar la numeración en una sección concreta, lo cual es útil cuando el documento incluye portada, índice y contenido.

Eliminar la numeración es tan sencillo como borrar el campo correspondiente, pero conviene hacerlo con cuidado para no afectar al resto del documento.

5.9 BORDES DE PÁGINA: UN RECURSO ESTÉTICO QUE DEBE USARSE CON CRITERIO

Los bordes de página pueden aportar elegancia o estructura, pero deben utilizarse con moderación. En documentos formales, un borde discreto puede ser apropiado; en documentos técnicos, suele evitarse para no distraer. Word permite aplicar bordes simples, dobles, decorativos o personalizados.

Lo importante es que el borde no compita con el contenido.

5.10 SALTOS DE PÁGINA Y DE SECCIÓN: CONTROLAR LA ESTRUCTURA DEL DOCUMENTO

Los saltos son herramientas fundamentales para controlar la estructura del documento.

El **salto de página** fuerza el inicio de una nueva página, lo cual es útil para separar capítulos, secciones o elementos importantes.

El **salto de sección** permite mucho más: cambiar la orientación, modificar los márgenes, crear encabezados distintos o aplicar columnas solo a una parte del documento. Es una herramienta imprescindible en documentos complejos.

5.11   COLUMNAS PERIODÍSTICAS: DISTRIBUIR EL TEXTO COMO EN UNA REVISTA

Las columnas permiten dividir el texto en secciones verticales, como en periódicos o revistas. Word permite crear columnas simétricas o asimétricas, con o sin líneas separadoras, y aplicarlas a todo el documento o solo a una parte mediante saltos de sección.

Las columnas aportan dinamismo visual y son ideales para documentos divulgativos, boletines o materiales formativos.

5.12   NOTAS AL PIE Y NOTAS AL FINAL: INFORMACIÓN SIN INTERRUMPIR EL FLUJO

Las notas permiten añadir información complementaria sin interrumpir el flujo del texto. Las **notas al pie** aparecen al final de la página; las **notas al final**, al final del documento. Son esenciales en documentos académicos, jurídicos o técnicos.

Word permite personalizar su numeración, convertir notas al pie en notas al final y viceversa, y aplicar estilos específicos.

ACTIVIDADES

Actividad 1. Preparación completa de un documento para impresión profesional

El lector recibe un documento en bruto: un texto largo, sin estructura visual, sin numeración, sin encabezados y con saltos de página incorrectos. Su tarea consiste en transformarlo en un documento profesional listo para impresión, tomando decisiones editoriales fundamentadas.

Actividad 2. Diseño editorial de un boletín informativo con columnas, saltos y notas

El lector debe transformar un texto lineal en un boletín informativo de estilo periodístico. La actividad combina creatividad con dominio técnico, ya que requiere aplicar columnas, encabezados, notas y saltos de forma coherente.

6

CREACIÓN Y GESTIÓN DE TABLAS COMO MEDIO PARA MOSTRAR INFORMACIÓN

Las tablas son uno de los recursos más versátiles dentro de un procesador de textos. Aunque muchos usuarios las asocian únicamente a listados simples o a la organización básica de datos, en realidad las tablas son una herramienta editorial de primer nivel: permiten estructurar información, crear comparativas, diseñar formularios, presentar datos técnicos, organizar contenidos y, en general, aportar claridad donde el texto corrido resultaría confuso.

En un documento profesional, una tabla bien construida puede marcar la diferencia entre un contenido difícil de interpretar y una presentación impecable. Por eso, este capítulo no se limita a explicar cómo insertar una tabla, sino que profundiza en su edición, su formato, su estructura y sus posibilidades avanzadas.

6.1 INSERTAR O CREAR TABLAS EN UN DOCUMENTO

Crear una tabla en Word es un proceso sencillo, pero lo importante no es la mecánica, sino la intención. Antes de insertar una tabla, conviene preguntarse:

- ¿Qué información quiero mostrar?
- ¿Necesita estructura?
- ¿Debe compararse?
- ¿Debe leerse de un vistazo?

Si la respuesta es sí, la tabla es el recurso adecuado.

Word permite insertar tablas de varias formas:

- Seleccionando directamente el número de filas y columnas.
- Especificando dimensiones exactas.
- Insertando tablas rápidas preformateadas.
- Convirtiendo texto en tabla (muy útil para listas).

La tabla aparece inicialmente con un formato básico, pero es solo el punto de partida.

Insertar tabla

Insertar tabla...

Dibujar tabla

Convertir texto en tabla...

Hoja de cálculo de Excel

Tablas rápidas >

universitario

Universidad del Cedro   110   103   +7

Lista tabular

ELEMENTO	NECESARIO
Libros	1
Revistas	3
Blocs de notas	1
Carpetas de papel	1
Plumas	3
Lápices	2

Matriz

Pueblo o ciudad	Punto A	Punto B	Punto C	Punto D	Punto E
Punto A	—				
Punto B	87	—			
Punto C	64	56	—		
Punto D	37	32	91	—	
Punto E	93	35	54	43	—

Tabla doble

Alfabeto griego

Nombre de letra	Mayúsculas	Minúsculas	Nombre de letra	Mayúsculas	Minúsculas
Alfa	A	α	Ni	N	ν
Beta	B	β	Xi	Ξ	ξ

6.2   EDICIÓN DENTRO DE UNA TABLA: ESCRIBIR, MOVERSE, SELECCIONAR

Una vez creada, la tabla se comporta como un pequeño documento dentro del documento. Cada celda es un espacio independiente donde se puede escribir, aplicar formato, insertar imágenes o incluso incluir otras tablas.

Escribir dentro de una celda

El cursor se comporta igual que en un párrafo normal. Se pueden aplicar estilos, negritas, colores, listas, etc.

Movimiento dentro de la tabla

El movimiento es una parte esencial del trabajo con tablas. Word permite desplazarse:

- Con las flechas del teclado.
- Con la tecla **Tab** (avanza a la siguiente celda).
- Con **Mayús + Tab** (retrocede).
- Con clics del ratón.

Este sistema permite trabajar con fluidez sin abandonar el teclado.

Selección de celdas, filas, columnas o tabla completa

Seleccionar correctamente es clave para aplicar formato o modificar estructura.

- ☞ Una celda: clic en el borde izquierdo.
- ☞ Una fila: clic en el margen izquierdo de la fila.
- ☞ Una columna: clic en la parte superior de la columna.
- ☞ Toda la tabla: icono en la esquina superior izquierda.

Una selección precisa evita errores y acelera el trabajo.

6.3 MODIFICAR EL TAMAÑO DE FILAS Y COLUMNAS

El tamaño de las celdas determina la legibilidad de la tabla. Word permite ajustar:

- ☞ Altura de filas.
- ☞ Anchura de columnas.
- ☞ Ajuste automático al contenido.
- ☞ Ajuste automático a la ventana.

El ajuste automático es especialmente útil cuando se trabaja con textos largos o con tablas que deben adaptarse al ancho de página.

También es posible arrastrar los bordes con el ratón para ajustar manualmente o hacerlo mediante la configuración de las Propiedades de la tabla.

6.4   MODIFICAR LOS MÁRGENES INTERNOS DE LAS CELDAS

Los márgenes internos determinan el espacio entre el texto y el borde de la celda. Un margen demasiado pequeño hace que el texto parezca comprimido; uno demasiado grande desperdicia espacio.

Word permite ajustar:

▼ Margen superior.

▼ Margen inferior.

▼ Margen izquierdo.

▼ Margen derecho.

Esto es esencial para tablas con mucho contenido o para diseños más elegantes.

6.5   APLICAR FORMATO A UNA TABLA: BORDES, SOMBREADO Y ESTILOS

El formato es lo que convierte una tabla funcional en una tabla profesional.

Bordes

Los bordes pueden aplicarse:

- A toda la tabla.
- A filas concretas.
- A columnas.
- A celdas específicas.

Pueden ser:

- Líneas simples.
- Líneas dobles.
- Líneas discontinuas.
- Líneas gruesas o finas.

Sombreado

El sombreado permite destacar:

- Encabezados.
- Filas alternas.
- Celdas importantes.

Un sombreado suave mejora la legibilidad sin saturar.

Estilos de tabla

Word incluye estilos predefinidos que aplican:

- Colores.
- Bordes.
- Filas alternas.
- Encabezados destacados.

Son útiles para mantener coherencia visual en documentos largos.

6.6 CAMBIAR LA ESTRUCTURA DE UNA TABLA

Una tabla no es un elemento rígido: puede crecer, reducirse o reorganizarse según las necesidades del documento.

Insertar elementos

Word permite insertar:

- Filas encima o debajo.
- Columnas a la izquierda o derecha.
- Celdas individuales.

Eliminar elementos

También es posible eliminar:

- ☛ Celdas.
- ☛ Filas.
- ☛ Columnas.
- ☛ La tabla completa.

Combinar celdas

Combinar celdas permite crear encabezados amplios o secciones dentro de la tabla.

Dividir celdas

Dividir celdas es útil cuando se necesita mayor detalle en una sección concreta.

Dividir la tabla

Permite separar una tabla en dos, útil en documentos largos.

6.7   OPCIONES AVANZADAS DE TABLAS

Aquí es donde las tablas muestran su verdadero potencial.

Alineación vertical del texto

El texto puede alinearse:

- ☛ Arriba.
- ☛ Centrado.
- ☛ Abajo.

Esto es esencial en tablas con celdas altas.

Cambiar la dirección del texto

Permite girar el texto:

- ☛ Vertical.
- ☛ Rotado.
- ☛ Apilado.

Muy útil en tablas estrechas.

Convertir texto en tabla

Si el texto está separado por tabuladores, comas o puntos y coma, Word puede convertirlo automáticamente en una tabla.

Convertir tabla en texto

El proceso inverso: útil para exportar datos o simplificar contenido.

Ordenar una tabla

Word permite ordenar por:

▼ Texto.

▼ Números.

▼ Fechas.

En orden ascendente o descendente.

Introducción de fórmulas

Word permite realizar cálculos dentro de una tabla:

▼ Sumas.

▼ Promedios.

▼ Contadores.

Aunque no es Excel, resulta útil para documentos administrativos.

Fila de encabezados

La fila de encabezados puede repetirse automáticamente en cada página, lo cual es imprescindible en tablas largas.

6.8   LAS TABLAS COMO HERRAMIENTA EDITORIAL

Más allá de los datos, las tablas pueden utilizarse como elementos de diseño:

▼ Para crear formularios.

▼ Para maquetar portadas.

▼ Para organizar imágenes.

▼ Para crear comparativas visuales.

▼ Para estructurar contenidos complejos.

ACTIVIDADES

Actividad 1. Construcción y formato básico de una tabla

Crea una tabla de 4 columnas y 5 filas, introduce datos ficticios y aplica un estilo profesional: ajusta el ancho de columnas, centra el texto de los encabezados, aplica sombreado suave a la primera fila y añade bordes exteriores más gruesos.

Actividad 2. Modificación estructural y opciones avanzadas

A partir de una tabla ya creada, combina dos celdas para formar un encabezado amplio, divide una celda en tres, ordena la tabla por la primera columna, cambia la dirección del texto en una celda y convierte la última fila en fila de encabezado repetida.

7

CORRECCIÓN DE TEXTOS CON LAS HERRAMIENTAS DE ORTOGRAFÍA Y GRAMÁTICA

La corrección de textos es una de las fases más importantes en la elaboración de cualquier documento profesional. No importa lo brillante que sea una idea si está rodeada de errores ortográficos, frases confusas o incoherencias gramaticales. Un documento con fallos transmite descuido, falta de rigor y poca profesionalidad. Por el contrario, un texto bien revisado genera confianza, claridad y credibilidad.

Microsoft Word incorpora un conjunto de herramientas diseñadas para acompañar al usuario durante todo el proceso de escritura. Estas herramientas no sustituyen al criterio humano, pero sí actúan como un apoyo constante que ayuda a detectar errores, mejorar la redacción y garantizar que el documento final esté a la altura de lo que se espera en un entorno profesional.

Este capítulo explora estas herramientas desde una perspectiva práctica, mostrando cómo utilizarlas de forma eficaz y cómo integrarlas en el flujo natural de trabajo.

7.1 SELECCIÓN DEL IDIOMA: EL PRIMER PASO PARA UNA CORRECCIÓN EFICAZ

Antes de que Word pueda corregir un texto, necesita saber en qué idioma está escrito. Aunque pueda parecer un detalle menor, la selección del idioma es fundamental: determina qué diccionario se utilizará, qué reglas gramaticales se aplicarán y qué sugerencias ofrecerá el programa.

En documentos bilingües o con terminología extranjera, es habitual que Word detecte falsos errores. Para evitarlo, el usuario puede asignar un idioma a un párrafo, a una palabra concreta o al documento completo. Esta flexibilidad es especialmente útil en informes técnicos, documentos académicos o textos que incluyen citas en otros idiomas.

Seleccionar correctamente el idioma es, por tanto, el punto de partida de toda corrección.

7.2   CORRECCIÓN MIENTRAS SE ESCRIBE: EL ASISTENTE SILENCIOSO

Una de las funciones más conocidas de Word es la corrección automática en tiempo real. Mientras el usuario escribe, el programa analiza el texto y subraya los posibles errores:

- ▼ En rojo, los errores ortográficos.
- ▼ En azul, las sugerencias gramaticales o de estilo.

Este sistema actúa como un asistente silencioso que acompaña al usuario sin interrumpir su flujo de trabajo. Permite detectar errores al instante y corregirlos con un simple clic. Sin embargo, también exige criterio: no todas las palabras subrayadas son errores reales. En textos especializados, nombres propios o siglas, es habitual que aparezcan términos que el diccionario no reconoce.

El usuario debe decidir cuándo corregir, cuándo ignorar y cuándo añadir una palabra al diccionario personalizado.

7.3   CORRECCIÓN UNA VEZ ESCRITO EL TEXTO:
REVISIÓN CON MENÚ CONTEXTUAL

Aunque la corrección en tiempo real es útil, muchos profesionales prefieren revisar el texto una vez finalizada la redacción. Para ello, Word ofrece un sistema de corrección mediante el **menú contextual**.

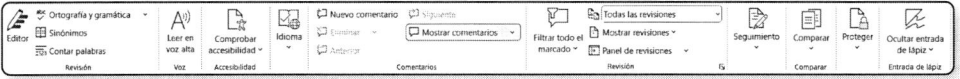

Al hacer clic derecho sobre una palabra subrayada, el programa muestra:

- ▼ Sugerencias de corrección.
- ▼ Opciones para ignorar el error.
- ▼ Posibilidad de agregar la palabra al diccionario.
- ▼ Acceso a sinónimos.
- ▼ Opciones de autocorrección.

Este método permite revisar el texto de forma más reflexiva, analizando cada sugerencia antes de aplicarla. Es especialmente útil en documentos largos, donde es fácil que algunos errores pasen desapercibidos durante la escritura.

7.4 CORRECCIÓN GRAMATICAL DESDE EL MENÚ DE HERRAMIENTAS

Además de la corrección automática, Word permite realizar una revisión completa del documento desde el menú:

Revisar → Ortografía y gramática

Esta revisión analiza el texto de principio a fin, mostrando cada posible error en una ventana lateral. El usuario puede:

▼ Aceptar o rechazar sugerencias.

▼ Consultar explicaciones gramaticales.

▼ Saltar errores.

▼ Revisar alternativas de estilo.

Es una herramienta especialmente útil en documentos formales, informes extensos o textos que deben entregarse a terceros.

7.5 OPCIONES DE ORTOGRAFÍA Y GRAMÁTICA: PERSONALIZAR LA REVISIÓN

Word permite personalizar el comportamiento del corrector para adaptarlo al estilo del usuario y al tipo de documento. Desde las opciones de Word, es posible decidir:

▼ Si se desea corregir mientras se escribe.

▼ Si se quiere revisar gramática además de ortografía.

▼ Si se desean sugerencias de estilo.

▼ Si se deben ignorar palabras en mayúsculas.

▼ Si se deben ignorar direcciones web.

▼ Si se deben aplicar reglas específicas del idioma.

Esta personalización permite que la corrección sea más precisa y menos intrusiva.

7.6 DICCIONARIO PERSONALIZADO: ENSEÑAR A WORD TU VOCABULARIO

El diccionario personalizado es una herramienta esencial para profesionales que trabajan con terminología técnica, nombres propios, siglas o vocabulario especializado.

Cuando Word detecta una palabra desconocida, el usuario puede añadirla al diccionario. A partir de ese momento, la palabra dejará de marcarse como error. Esto permite:

▼ Evitar correcciones innecesarias.

▼ Mantener coherencia terminológica.

▼ Acelerar la redacción.

El diccionario personalizado es especialmente útil en empresas que manejan nombres de productos, acrónimos internos o terminología corporativa.

7.7 AUTOCORRECCIÓN: AUTOMATIZAR TAREAS REPETITIVAS

La autocorrección es una de las funciones más potentes de Word. Permite corregir automáticamente errores comunes, pero también puede utilizarse para crear atajos personalizados.

Por ejemplo:

- ▼ Escribir ";firma" y que Word inserte una firma completa.
- ▼ Escribir "(c)" y que aparezca el símbolo ©.
- ▼ Escribir "teh" y que Word lo convierta en "the".

La autocorrección puede ahorrar tiempo y evitar errores repetitivos, especialmente en documentos largos o en tareas rutinarias.

7.8 SINÓNIMOS: ENRIQUECER EL VOCABULARIO SIN ABANDONAR EL DOCUMENTO

Word incluye un diccionario de sinónimos que permite mejorar la calidad del texto sin necesidad de consultar fuentes externas. Al hacer clic derecho sobre una palabra, el usuario puede acceder a una lista de sinónimos que le permite:

- ▼ Evitar repeticiones.
- ▼ Mejorar la precisión.
- ▼ Enriquecer el estilo.

Es una herramienta especialmente útil en textos literarios, académicos o divulgativos.

7.9 TRADUCTOR: TRABAJAR CON TEXTOS EN OTROS IDIOMAS

Word incorpora un traductor integrado que permite traducir palabras, frases o documentos completos. Aunque no sustituye a un traductor profesional, es útil para:

- ▼ Comprender textos en otros idiomas.
- ▼ Revisar documentos bilingües.
- ▼ Consultar términos técnicos.

El traductor puede utilizarse desde el menú **Revisar** y ofrece traducciones rápidas sin abandonar el documento.

ACTIVIDADES

Actividad 1. Revisión completa de un texto

Corrige un documento con errores ortográficos y gramaticales utilizando: selección de idioma, corrección automática, menú contextual, revisión completa y diccionario personalizado. Añade al diccionario tres términos técnicos.

Actividad 2. Uso avanzado de herramientas de revisión

En un texto proporcionado, sustituye palabras repetidas usando sinónimos, crea dos reglas de autocorrección personalizadas, traduce un párrafo a otro idioma y revisa la vista preliminar antes de imprimir en formato A4 y Carta.

8

IMPRESIÓN DE DOCUMENTOS Y CREACIÓN DE SOBRES, ETIQUETAS Y ENVÍOS MASIVOS

La impresión de documentos es una de las fases finales del trabajo en un procesador de textos, pero no por ello es una tarea menor. En muchos entornos profesionales, el documento impreso sigue siendo el formato definitivo: informes que se entregan físicamente, contratos que deben firmarse, comunicaciones que se envían por correo postal, etiquetas para clasificar archivos o sobres para correspondencia formal. Por eso, dominar las opciones de impresión y las herramientas de creación de sobres y etiquetas es esencial para garantizar un resultado profesional.

Microsoft Word ofrece un conjunto de funciones que permiten no solo imprimir documentos en distintos formatos de papel, sino también diseñar sobres, generar hojas completas de etiquetas y crear documentos modelo para envíos masivos. Estas herramientas, integradas en la pestaña **Correspondencia**, permiten automatizar tareas que, de otro modo, serían repetitivas y propensas a errores.

Este capítulo explora estas funciones desde una perspectiva práctica, mostrando cómo utilizarlas para producir documentos físicos impecables y cómo integrarlas en procesos de comunicación masiva.

8.1 IMPRESIÓN DE DOCUMENTOS EN DISTINTOS FORMATOS DE PAPEL Y SOPORTES

Antes de imprimir un documento, es fundamental revisar las opciones de impresión. Word permite ajustar una amplia variedad de parámetros que determinan cómo se plasmará el documento en papel.

La ventana de impresión muestra una vista preliminar que permite comprobar:

- Márgenes.
- Orientación.
- Saltos de página.
- Encabezados y pies.
- Tablas y gráficos.
- Distribución del contenido.

Además, Word permite seleccionar distintos formatos de papel, como A4, A3, Carta o sobres, así como soportes especiales como etiquetas adhesivas o papel grueso. Esta flexibilidad es esencial cuando se trabaja con documentos que no siguen el formato estándar.

La vista preliminar es el último filtro antes de imprimir. Un profesional nunca imprime sin revisarla.

8.2   CONFIGURACIÓN DE LA IMPRESORA: ADAPTARSE AL SOPORTE FÍSICO

Cada impresora tiene sus propias características: bandejas específicas, modos de alimentación, tipos de papel compatibles y configuraciones internas. Word permite acceder a las propiedades de la impresora para ajustar estos parámetros.

Cuando se trabaja con sobres o etiquetas, es especialmente importante:

▼ Seleccionar la bandeja adecuada.

▼ Indicar el tipo de papel (sobres, etiquetas, papel grueso).

▼ Ajustar la orientación del soporte.

▼ Activar modos especiales para evitar atascos.

Una configuración incorrecta puede provocar que el sobre se arrugue, que la etiqueta se despegue o que el texto aparezca desalineado. Por eso, antes de imprimir, conviene realizar una prueba con una sola unidad.

8.3   CREACIÓN DE SOBRES Y ETIQUETAS INDIVIDUALES

Word permite crear sobres y etiquetas de forma individual, sin necesidad de utilizar bases de datos o listas de destinatarios. Esta función es ideal para correspondencia puntual o para etiquetar carpetas, archivadores o documentos internos.

Sobres individuales

El usuario puede escribir la dirección del destinatario y del remitente, seleccionar el tamaño del sobre y ajustar la posición del texto. Word ofrece una amplia variedad de tamaños estándar, así como la posibilidad de definir tamaños personalizados.

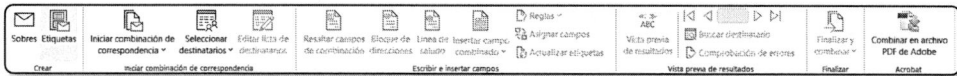

Etiquetas individuales

Las etiquetas pueden diseñarse para:

⮞ Carpetas.

⮞ Cajas de archivo.

⮞ Equipos.

⮞ Documentos.

⮞ Envíos postales.

Word permite elegir el modelo exacto de etiqueta (Avery, Apli, Herma, etc.) y diseñar una etiqueta única o una hoja completa.

8.4 CREACIÓN DE SOBRES, ETIQUETAS Y DOCUMENTOS MODELO PARA ENVÍOS MASIVOS

Cuando se trabaja con grandes volúmenes de correspondencia, la creación manual de sobres o etiquetas se vuelve inviable. Para estos casos, Word ofrece la posibilidad de crear **documentos modelo** que se combinan con una lista de destinatarios.

Estos documentos modelo pueden ser:

⮞ Cartas personalizadas.

⮞ Sobres.

⮞ Etiquetas.

⮞ Mensajes de correo electrónico.

El documento modelo actúa como plantilla: contiene el diseño general y los campos variables (nombre, dirección, empresa, etc.) que se rellenarán automáticamente para cada destinatario.

8.5 SELECCIÓN DE DESTINATARIOS MEDIANTE ARCHIVOS DE DATOS

Para realizar un envío masivo, Word necesita una lista de destinatarios. Esta lista puede crearse desde cero o importarse desde:

⮞ Excel.

⮞ Access.

⮞ Archivos CSV.

⮞ Listas de contactos.

⮞ Bases de datos externas.

El usuario puede filtrar, ordenar o seleccionar destinatarios específicos antes de generar los documentos finales. Esta flexibilidad permite adaptar el envío a distintos grupos o criterios.

8.6 CREACIÓN DE SOBRES Y ETIQUETAS CON OPCIONES DE CONFIGURACIÓN AVANZADAS

Una vez seleccionados los destinatarios, Word permite configurar:

- El tamaño del sobre o etiqueta.
- La posición del texto.
- El tipo de letra.
- La alineación.
- La presencia de logotipos o imágenes.
- El diseño general.

Estas opciones permiten crear sobres y etiquetas totalmente personalizados, adaptados a la identidad visual de la organización.

8.7 COMBINACIÓN DE CORRESPONDENCIA: SALIDA A DOCUMENTO, IMPRESORA O CORREO ELECTRÓNICO

La combinación de correspondencia es el proceso final que une el documento modelo con la lista de destinatarios. Word permite generar la salida en distintos formatos:

Salida a documento

Word crea un documento completo con una copia personalizada para cada destinatario. Es ideal para revisar el resultado antes de imprimir.

Salida a impresora

Word envía directamente cada sobre, etiqueta o carta a la impresora. Es útil cuando el diseño ya está validado.

Salida a correo electrónico

Word puede enviar mensajes personalizados a cada destinatario mediante Outlook. Es una herramienta poderosa para comunicaciones masivas.

La combinación de correspondencia convierte un proceso repetitivo en una tarea automatizada, precisa y profesional.

8.8 IMPRESIÓN DE DOCUMENTOS EN DISTINTOS FORMATOS Y SOPORTES

La corrección del texto no termina en la pantalla. Antes de imprimir un documento, es importante asegurarse de que:

- El formato del papel es el adecuado.
- Los márgenes son correctos.
- La orientación es la apropiada.
- Los encabezados y pies no se cortan.
- Las notas al pie aparecen correctamente.
- Las tablas no se desbordan.

Word permite imprimir en distintos formatos de papel (A4, A3, Carta, sobres, etiquetas) y en distintos soportes (papel normal, papel grueso, transparencias, etc.). La vista preliminar es esencial para garantizar que el documento se imprimirá tal como se espera.

ACTIVIDADES

Actividad 1. Creación de un documento modelo y combinación de correspondencia

Diseña una carta modelo para un envío masivo, crea o importa una lista de destinatarios y genera un documento combinado con una copia personalizada para cada persona. Revisa la vista preliminar antes de imprimir.

Actividad 2. Sobres y etiquetas personalizadas

Crea un sobre y una hoja de etiquetas utilizando un archivo de datos con varios destinatarios. Configura el tamaño del sobre, selecciona el modelo de etiqueta adecuado y realiza una combinación de correspondencia con salida a impresora.

9

IMÁGENES, AUTOFORMAS Y ELEMENTOS GRÁFICOS PARA MEJORAR EL DOCUMENTO

La comunicación escrita no se limita al texto. En un documento profesional, las imágenes, las formas, los cuadros de texto y los elementos decorativos pueden transformar un contenido plano en un mensaje claro, atractivo y visualmente equilibrado. Word ofrece un conjunto de herramientas que permiten integrar estos elementos de forma natural, sin necesidad de recurrir a programas externos.

Este capítulo profundiza en cómo insertar imágenes, ajustarlas, mejorarlas, trabajar con autoformas, crear cuadros de texto y utilizar WordArt. El objetivo no es "decorar", sino **comunicar mejor**, reforzar ideas y facilitar la comprensión del lector.

9.1 INSERCIÓN DE IMÁGENES: ENRIQUECER EL DOCUMENTO CON CONTENIDO VISUAL

Las imágenes son uno de los recursos más utilizados para complementar un documento. Pueden ilustrar un proceso, mostrar un producto, reforzar una idea o simplemente aportar claridad. Word permite insertar imágenes desde distintas fuentes, cada una con su propio flujo de trabajo.

9.2 INSERCIÓN DE IMÁGENES DESDE UN ARCHIVO

Cuando la imagen ya existe en el ordenador –una fotografía, un logotipo, un gráfico exportado– se inserta desde la opción **Insertar → Imágenes → Este dispositivo**. Word la incorpora al documento como un objeto editable: puede cambiarse de tamaño, recortarse, ajustarse al texto o aplicarle estilos.

Este método es ideal para:

- Fotografías de productos o instalaciones.
- Logotipos corporativos.
- Gráficos generados en Excel.
- Ilustraciones descargadas.

La calidad de la imagen es fundamental: una imagen pixelada o deformada resta profesionalidad al documento.

9.2.1 Inserción de imágenes prediseñadas

Word también permite insertar imágenes prediseñadas o ilustraciones disponibles en línea. Estas imágenes suelen ser más ligeras y están pensadas para complementar documentos de forma rápida.

Son útiles para:

- Material didáctico.
- Presentaciones internas.
- Documentos divulgativos.

Sin embargo, deben utilizarse con moderación para evitar un aspecto demasiado informal.

9.2.2 Inserción de imágenes desde el portapapeles

A veces la forma más rápida de insertar una imagen es copiarla desde otra aplicación y pegarla directamente en Word. Esto es especialmente útil cuando se trabaja con:

- Capturas de pantalla.
- Gráficos de Excel.
- Imágenes copiadas de un navegador.
- Elementos de otras aplicaciones de Office.

El portapapeles permite trabajar con agilidad, aunque conviene revisar el tamaño y la resolución de la imagen pegada.

Lugar donde colocarla: inmediatamente después de esta línea. **Contenido recomendado:** una captura del menú *Insertar* → *Imágenes*, mostrando las opciones "Este dispositivo", "Imágenes de archivo" y "Imágenes en línea". **Objetivo pedagógico:** que el lector identifique visualmente las tres vías principales de inserción.

9.3 AJUSTE DE IMÁGENES CON EL TEXTO: INTEGRARLAS SIN ROMPER LA MAQUETACIÓN

Una vez insertada la imagen, el siguiente paso es decidir cómo debe comportarse dentro del documento. Word ofrece varias opciones de ajuste que determinan cómo fluye el texto alrededor de la imagen.

Las opciones más habituales son:

- ▶ **En línea con el texto:** la imagen se comporta como un carácter más.
- ▶ **Cuadrado:** el texto rodea la imagen formando un bloque.
- ▶ **Estrecho:** el texto se ajusta más cerca del contorno.
- ▶ **Detrás del texto:** la imagen actúa como fondo.
- ▶ **Delante del texto:** la imagen se superpone.
- ▶ **Arriba y abajo:** el texto queda separado por la imagen.

Elegir el ajuste adecuado es esencial para evitar saltos inesperados o desajustes visuales. En documentos formales, las opciones cuadrado o estrecho suelen ser las más equilibradas.

9.4 MEJORAS DE IMÁGENES: OPTIMIZAR SU APARIENCIA

Word permite aplicar mejoras básicas a las imágenes sin necesidad de recurrir a un editor externo. Estas mejoras incluyen:

- ▶ Corrección de brillo y contraste.
- ▶ Ajuste de color.
- ▶ Aplicación de estilos predefinidos.
- ▶ Recorte de la imagen.
- ▶ Aplicación de bordes o sombras.
- ▶ Redondeado de esquinas.
- ▶ Efectos artísticos.

Estas herramientas permiten adaptar la imagen al estilo del documento. Por ejemplo, un informe corporativo puede requerir imágenes sobrias y con bordes discretos, mientras que un material didáctico puede beneficiarse de estilos más llamativos.

9.5   AUTOFORMAS: CREAR ELEMENTOS GRÁFICOS PERSONALIZADOS

Las autoformas son figuras geométricas, flechas, líneas, bocadillos y otros elementos que permiten crear esquemas, diagramas o resaltados visuales dentro del documento. Son extremadamente versátiles y pueden combinarse entre sí para construir estructuras más complejas.

Al insertar una autoforma, Word permite:

▼ Cambiar su tamaño.

▼ Modificar su color de relleno.

▼ Ajustar el grosor del borde.

▼ Aplicar efectos (sombras, reflejos, etc.).

▼ Escribir texto dentro de la forma.

▼ Girarla o voltearla.

Las autoformas son ideales para:

▼ Señalar elementos importantes.

▼ Crear diagramas simples.

▼ Diseñar recuadros informativos.

▼ Construir esquemas visuales.

Su gran ventaja es que se integran perfectamente con el resto del documento.

9.6   CUADROS DE TEXTO: DESTACAR INFORMACIÓN SIN ROMPER EL FLUJO

Un cuadro de texto es un contenedor independiente que permite colocar texto en cualquier parte del documento. A diferencia de un párrafo normal, el cuadro de texto puede moverse libremente, superponerse a otros elementos o actuar como un bloque destacado.

Los cuadros de texto son útiles para:

▼ Notas destacadas.

▼ Llamadas de atención.

▼ Citas importantes.

▼ Elementos decorativos.

▼ Diseños de portada.

Word permite modificar su tamaño, color, borde y estilo, así como aplicarles los mismos formatos que a cualquier otro texto.

9.7 WORDART: TEXTO CON ESTILO PARA TÍTULOS Y ELEMENTOS VISUALES

WordArt es una herramienta que permite crear texto decorativo con efectos especiales. Aunque debe utilizarse con moderación en documentos formales, puede ser muy útil en:

▸ Portadas.

▸ Material didáctico.

▸ Folletos.

▸ Documentos creativos.

WordArt permite aplicar:

▸ Deformaciones.

▸ Sombras.

▸ Contornos.

▸ Rellenos degradados.

▸ Efectos tridimensionales.

El objetivo no es convertir el documento en un cartel publicitario, sino aportar un toque visual cuando sea necesario.

ACTIVIDADES

Actividad 1. Inserción y ajuste de imágenes

Inserta dos imágenes en un documento: una desde archivo y otra desde el portapapeles. Ajusta la primera con el texto en modo "cuadrado" y la segunda en modo "estrecho". Aplica un estilo visual a cada una y recorta ligeramente la segunda.

Actividad 2. Elementos gráficos combinados

Crea un cuadro de texto con una cita destacada, añade una autoforma como elemento decorativo y coloca un título en WordArt. Ajusta la posición de cada elemento para que el diseño sea equilibrado y revisa la vista preliminar.

10

CREACIÓN DE ESTILOS, PLANTILLAS Y GESTIÓN AVANZADA DE DOCUMENTOS LARGOS

Cuando un documento crece en extensión, complejidad o importancia, la forma de trabajar con él debe evolucionar. Ya no basta con aplicar formatos manuales ni con improvisar la estructura sobre la marcha. En informes corporativos, manuales de formación, memorias técnicas, proyectos, tesis o documentos institucionales, la clave está en **estandarizar**, **automatizar** y **organizar**.

Word ofrece un conjunto de herramientas diseñadas precisamente para eso: **estilos**, **plantillas**, **tablas de contenido**, **referencias cruzadas**, **títulos numerados**, **documentos maestros** y **subdocumentos**. Este capítulo profundiza en todas ellas, mostrando cómo utilizarlas para trabajar con documentos largos de forma eficiente, coherente y profesional.

10.1 LOS ESTILOS: LA COLUMNA VERTEBRAL DEL DOCUMENTO

Un estilo es un conjunto de formatos predefinidos que se aplican a un texto con un solo clic. Es mucho más que un tipo de letra: un estilo puede definir la fuente, el tamaño, el color, el espaciado, las sangrías, la alineación, la numeración, los bordes y prácticamente cualquier aspecto visual del texto.

Los estilos permiten que un documento mantenga una apariencia uniforme sin necesidad de aplicar formato manualmente a cada párrafo. Además, son la base para funciones avanzadas como la tabla de contenido, los títulos numerados o los documentos maestros.

10.1.1 Estilos estándar: el punto de partida

Word incluye un conjunto de estilos predeterminados que cubren la mayoría de necesidades básicas:

- Título 1, Título 2, Título 3.
- Normal.
- Cita.
- Énfasis.
- Lista con viñetas.
- Lista numerada.

Estos estilos están diseñados para funcionar bien entre sí, pero pueden personalizarse para adaptarse a la identidad visual de una organización o a las exigencias de un proyecto.

10.1.2 Asignación, creación y modificación de estilos

Asignar un estilo

Aplicar un estilo es tan sencillo como seleccionar el texto y elegir el estilo desde el panel correspondiente. Este gesto, aparentemente simple, es la base de toda la estructura del documento.

Crear un estilo

Un estilo puede crearse:

- Desde cero.
- Basándose en un estilo existente.
- A partir de un texto ya formateado.

Esto permite construir un sistema visual propio, coherente y profesional.

Modificar un estilo

Modificar un estilo implica cambiar su formato. La gran ventaja es que **todos los textos que usan ese estilo se actualizan automáticamente**, lo que garantiza coherencia en documentos largos.

Eliminar un estilo

Los estilos personalizados pueden eliminarse si ya no se necesitan. Word mantiene siempre los estilos básicos.

10.2 PLANTILLAS: DOCUMENTOS QUE NACEN CON ESTRUCTURA

Una plantilla es un documento que contiene estilos, formatos, encabezados, pies, portadas, tablas predefinidas y cualquier otro elemento que se desee reutilizar. En lugar de empezar desde cero, el usuario parte de una base sólida y profesional.

Las plantillas permiten:

- Mantener coherencia visual en todos los documentos de una organización.
- Acelerar la creación de documentos repetitivos.
- Garantizar que todos los usuarios sigan el mismo estándar.
- Evitar errores de formato.

10.2.1 Utilización de plantillas y asistentes desde Archivo ⊠ Nuevo

Word ofrece plantillas para:

- Informes.
- Cartas.
- Currículos.
- Folletos.
- Actas.
- Portadas.
- Documentos corporativos.

Estas plantillas incluyen estilos coherentes y diseños profesionales. El usuario puede adaptarlas o utilizarlas como inspiración para crear plantillas propias.

10.2.2 Creación, guardado y modificación de plantillas propias

Un documento puede convertirse en plantilla si se guarda con la extensión:

▶ **.dotx** (sin macros).

▶ **.dotm** (con macros).

Una plantilla propia puede incluir:

▶ Estilos corporativos.

▶ Logotipos.

▶ Encabezados y pies.

▶ Portadas.

▶ Tablas predefinidas.

▶ Estructuras de capítulos.

▶ Numeración automática.

Modificar una plantilla permite actualizar todos los documentos futuros que se basen en ella.

10.3 TRABAJO CON DOCUMENTOS LARGOS: ORGANIZACIÓN AVANZADA

Cuando un documento supera las 20 o 30 páginas, la gestión manual se vuelve impracticable. Word incorpora herramientas específicas para trabajar con documentos extensos de forma ordenada, eficiente y profesional.

10.3.1 Creación de tablas de contenido e índices

La tabla de contenido se genera automáticamente a partir de los estilos de título. Por eso es tan importante utilizar estilos correctamente.

Una tabla de contenido permite:

▶ Navegar por el documento.

▶ Actualizarse automáticamente.

▶ Mostrar distintos niveles de títulos.

▶ Personalizar el formato.

Los índices (de términos, ilustraciones, tablas, etc.) funcionan de forma similar, pero requieren marcar entradas específicas.

10.3.2 Referencias cruzadas: vínculos internos inteligentes

Una referencia cruzada permite insertar un enlace interno a:

- Un título.
- Una figura.
- Una tabla.
- Una nota.
- Una página.

Si el documento cambia, la referencia se actualiza automáticamente. Esto evita errores como "ver página 12" cuando el contenido se ha desplazado.

10.3.3 Títulos numerados: estructura jerárquica profesional

Los títulos numerados permiten crear una estructura jerárquica:

1. Capítulo 1.1. Sección 1.1.1. Subsección.

Esta numeración se integra con los estilos de título y permite reorganizar el documento sin perder coherencia.

10.3.4 Documentos maestros y subdocumentos: dividir para controlar

Cuando un documento es extremadamente largo –manuales de cientos de páginas, proyectos extensos, libros– Word permite dividirlo en **subdocumentos** que se gestionan desde un **documento maestro**.

El documento maestro actúa como contenedor y permite:

- Reorganizar capítulos completos.
- Editar subdocumentos por separado.
- Generar una tabla de contenido global.
- Mantener estilos coherentes.
- Facilitar el trabajo colaborativo.

Es una herramienta avanzada, pero muy útil en proyectos de gran envergadura.

ACTIVIDADES

Actividad 1. Creación de estilos y tabla de contenido

Crea tres estilos personalizados (Título A, Título B y Texto Base), aplícalos a un documento de varias páginas y genera una tabla de contenido automática. Modifica uno de los estilos y actualiza la tabla.

Actividad 2. Plantilla y documento maestro

Diseña una plantilla con portada, encabezado corporativo y estilos propios. Después, crea un documento maestro y divide su contenido en tres subdocumentos. Inserta títulos numerados y añade referencias cruzadas entre secciones.

11

FUSIÓN DE DOCUMENTOS PROCEDENTES DE OTRAS APLICACIONES MEDIANTE LA INSERCIÓN DE OBJETOS

En un entorno profesional, es habitual que la información no se encuentre en un único formato ni en una sola aplicación. Un informe puede necesitar datos numéricos procedentes de Excel, gráficos estadísticos generados en otra hoja de cálculo, fragmentos de una base de datos, o incluso diapositivas de una presentación. Word permite integrar todos estos elementos mediante la **inserción de objetos**, una herramienta que actúa como puente entre las distintas aplicaciones del paquete Office.

La inserción de objetos no consiste simplemente en copiar y pegar. Cuando se utiliza correctamente, permite **vincular** documentos, mantenerlos actualizados y trabajar con ellos como si formaran parte del propio archivo de Word. Esto convierte a Word en un espacio centralizado donde confluyen datos, gráficos, tablas y contenidos visuales procedentes de múltiples fuentes.

11.1 LA INSERCIÓN DE OBJETOS: UN PUENTE ENTRE APLICACIONES

La opción **Insertar → Objeto** permite incorporar al documento elementos creados en otras aplicaciones. Estos objetos pueden insertarse de dos formas:

- ▶ **Como objeto incrustado**, que se integra dentro del documento y se edita desde Word.

- ▶ **Como objeto vinculado**, que mantiene conexión con el archivo original y se actualiza automáticamente cuando este cambia.

La elección depende del tipo de documento y del flujo de trabajo. Si se necesita un documento estático, se incrusta. Si se necesita un documento dinámico, se vincula.

11.2 INTEGRACIÓN CON HOJAS DE CÁLCULO: EXCEL DENTRO DE WORD

Excel es una de las aplicaciones más utilizadas para gestionar datos numéricos, realizar cálculos y generar tablas complejas. Word permite insertar contenido de Excel de varias formas, cada una con sus ventajas.

Tablas incrustadas

Cuando se incrusta una hoja de Excel, el usuario puede hacer doble clic sobre ella y editarla directamente desde Word, con todas las herramientas de Excel disponibles. Esto es ideal para:

�Tablas con fórmulas.

▶ Cálculos que deben mantenerse.

▶ Datos que pueden necesitar ajustes posteriores.

Tablas vinculadas

Si se vincula la hoja, Word mostrará los datos, pero estos se actualizarán automáticamente cuando cambie el archivo original. Es útil en:

▶ Informes periódicos.

▶ Documentos que dependen de datos vivos.

▶ Proyectos colaborativos.

Gráficos procedentes de Excel

Los gráficos generados en Excel pueden insertarse como objetos, manteniendo su formato y su capacidad de actualización. Esto permite que un informe en Word muestre siempre los datos más recientes.

11.3 INTEGRACIÓN CON BASES DE DATOS: ACCESS Y OTRAS FUENTES

Las bases de datos contienen información estructurada que puede ser necesaria en informes, listados o documentos técnicos. Word permite insertar objetos procedentes de Access u otras bases de datos compatibles.

Tablas o consultas incrustadas

El contenido se integra como una tabla editable dentro de Word. Es útil cuando se necesita mostrar un extracto estático de la base de datos.

Tablas o consultas vinculadas

Word puede mostrar datos que se actualizan automáticamente cuando cambia la base de datos. Esto es especialmente útil en:

- ▼ Informes de inventario.
- ▼ Listados de personal.
- ▼ Documentación técnica que depende de datos vivos.

Campos combinados

En combinación con la correspondencia, Word puede utilizar datos de una base de datos para generar documentos personalizados.

11.4 INTEGRACIÓN CON GRÁFICOS: CONTENIDO VISUAL DINÁMICO

Los gráficos son una herramienta fundamental para representar datos de forma clara y visual. Word permite insertar gráficos procedentes de Excel, Access u otras aplicaciones.

Gráficos incrustados

Se integran en el documento y pueden editarse desde Word. El usuario puede modificar:

- ▼ Series de datos.
- ▼ Colores.
- ▼ Estilos.
- ▼ Etiquetas.

Gráficos vinculados

Si el gráfico procede de Excel y se vincula, se actualizará automáticamente cuando cambien los datos originales. Esto es ideal para informes periódicos o documentos que dependen de datos en evolución.

Ventaja clave

Los gráficos insertados como objetos mantienen su calidad y no se pixelan al cambiar de tamaño.

11.5 INTEGRACIÓN CON PRESENTACIONES: DIAPOSITIVAS DENTRO DEL DOCUMENTO

PowerPoint es la herramienta por excelencia para presentaciones visuales. Word permite insertar diapositivas completas o fragmentos de una presentación.

Diapositivas incrustadas

Se insertan como imágenes o como objetos editables. Son útiles para:

▼ Incluir esquemas visuales.

▼ Mostrar resúmenes gráficos.

▼ Integrar diagramas creados en PowerPoint.

Diapositivas vinculadas

Permiten mantener sincronizada la presentación con el documento. Si se actualiza la diapositiva en PowerPoint, se actualiza también en Word.

Elementos individuales

También es posible copiar gráficos, SmartArt o tablas desde PowerPoint y pegarlos como objetos editables.

11.6 VENTAJAS DE LA INSERCIÓN DE OBJETOS EN DOCUMENTOS PROFESIONALES

Integrar contenido procedente de otras aplicaciones permite:

▼ Centralizar la información en un único documento.

▼ Mantener datos actualizados automáticamente.

▼ Evitar duplicidades y errores.

▼ Aprovechar las capacidades avanzadas de cada aplicación.

▼ Crear documentos más completos, visuales y profesionales.

Un informe que combina texto, tablas dinámicas, gráficos actualizables y esquemas visuales es un documento más sólido y fácil de interpretar.

ACTIVIDADES

Actividad 1. Inserción de objetos desde Excel y PowerPoint

Inserta en un documento una tabla procedente de Excel y un gráfico vinculado. Después, añade una diapositiva de PowerPoint como objeto incrustado y comprueba que puedes editarla desde Word.

Actividad 2. Integración de datos desde una base de datos

Inserta una tabla procedente de una base de datos Access, primero como objeto incrustado y luego como objeto vinculado. Modifica los datos en Access y verifica que la versión vinculada se actualiza en Word.

12

HERRAMIENTAS DE REVISIÓN Y TRABAJO CON DOCUMENTOS COMPARTIDOS

En el trabajo colaborativo, un documento deja de ser un archivo estático para convertirse en un espacio vivo donde varias personas aportan ideas, corrigen, comentan, revisan y toman decisiones. Word incorpora un conjunto de herramientas diseñadas para facilitar este proceso: comentarios, control de cambios, comparación de versiones y protección del documento. Estas funciones permiten trabajar de forma ordenada, transparente y segura, incluso cuando participan varios usuarios o cuando el documento pasa por distintas fases de revisión.

Este capítulo explora estas herramientas desde una perspectiva práctica, mostrando cómo utilizarlas para gestionar revisiones, coordinar equipos y mantener la integridad del documento.

12.1 INSERCIÓN DE COMENTARIOS: DIÁLOGO DENTRO DEL DOCUMENTO

Los comentarios son una forma de comunicación interna dentro del documento. Permiten añadir observaciones, sugerencias, preguntas o instrucciones sin modificar el texto original. Son especialmente útiles en:

- Revisiones de contenido.
- Correcciones de estilo.
- Trabajo colaborativo.
- Documentos que pasan por varias manos.

Para insertar un comentario, basta con seleccionar el texto relevante y utilizar la opción **Revisar → Nuevo comentario**. El comentario aparece en el margen derecho, asociado al fragmento seleccionado.

Los comentarios pueden:

- Responderse.
- Marcarse como resueltos.
- Eliminarse.
- Reasignarse a otros usuarios.

En documentos extensos, los comentarios actúan como un hilo de conversación que acompaña al proceso de revisión.

12.2 CONTROL DE CAMBIOS: REGISTRAR CADA MODIFICACIÓN

El control de cambios es una de las herramientas más potentes de Word. Cuando está activado, Word registra todas las modificaciones realizadas en el documento:

▼ Inserciones.

▼ Eliminaciones.

▼ Cambios de formato.

▼ Movimientos de texto.

Cada cambio aparece marcado visualmente, permitiendo al autor o al revisor ver exactamente qué se ha modificado.

Esta herramienta es esencial en:

▼ Documentos legales.

▼ Informes corporativos.

▼ Proyectos colaborativos.

▼ Versiones que deben aprobarse formalmente.

El usuario puede aceptar o rechazar cada cambio de forma individual o global. Esto garantiza que ninguna modificación pase desapercibida.

12.3 COMPARACIÓN DE DOCUMENTOS: DETECTAR DIFERENCIAS ENTRE VERSIONES

En ocasiones, dos personas trabajan en versiones distintas del mismo documento, o se necesita comprobar qué ha cambiado entre una versión antigua y una nueva. Word permite comparar documentos y generar un tercer archivo que muestra:

▼ Inserciones.

▼ Eliminaciones.

▼ Cambios de formato.

▼ Reorganización de contenido.

La comparación es extremadamente precisa y permite identificar incluso modificaciones mínimas. Es una herramienta indispensable cuando se trabaja con documentos que pasan por múltiples revisiones o cuando se necesita auditar cambios.

Word también permite **combinar documentos**, uniendo cambios procedentes de distintas versiones en un único archivo consolidado.

12.4 PROTECCIÓN DEL DOCUMENTO: CONTROLAR QUIÉN PUEDE MODIFICAR QUÉ

La protección del documento permite establecer límites sobre lo que otros usuarios pueden hacer. Word ofrece distintos niveles de protección, según las necesidades del proyecto.

Protección contra escritura

Permite que el documento se abra, pero no se modifique sin una contraseña.

Protección por secciones

Es posible permitir que unas partes del documento sean editables y otras no. Esto es útil en:

- Formularios.
- Contratos.
- Documentos con contenido fijo y zonas editables.

Protección del control de cambios

El documento puede configurarse para que el control de cambios no pueda desactivarse sin contraseña. Esto garantiza trazabilidad total.

Restricción de formato

Permite evitar que los usuarios cambien estilos, fuentes o formatos, manteniendo la coherencia visual.

La protección no solo evita errores: también garantiza que el documento mantenga su integridad y que las revisiones sean transparentes.

ACTIVIDADES

Actividad 1. Revisión colaborativa

Activa el control de cambios en un documento, realiza varias modificaciones y añade tres comentarios en distintas partes del texto. Después, acepta unos cambios y rechaza otros, y marca un comentario como resuelto.

Actividad 2. Comparación y protección

Compara dos versiones de un mismo documento y genera un archivo consolidado. A continuación, protege el documento resultante para que solo se puedan realizar comentarios, dejando el resto del contenido bloqueado.

13

AUTOMATIZACIÓN DE TAREAS REPETITIVAS MEDIANTE LA GRABACIÓN Y UTILIZACIÓN DE MACROS

En el trabajo cotidiano con Word, muchas tareas se repiten una y otra vez: aplicar un formato concreto, insertar un encabezado estándar, crear una tabla con un diseño específico, convertir un texto en un estilo determinado, insertar una firma, generar un bloque de texto recurrente o preparar un documento con una estructura fija. Cuando estas acciones se realizan manualmente, consumen tiempo, aumentan el riesgo de errores y dificultan la estandarización del trabajo.

Para resolver este problema, Word incorpora una herramienta extremadamente poderosa: **las macros**. Una macro es una secuencia de acciones que Word registra y reproduce automáticamente cuando el usuario lo solicita. Es, en esencia, una forma de enseñar al programa a realizar tareas por nosotros.

13.1 ¿QUÉ ES UNA MACRO Y POR QUÉ ES TAN ÚTIL?

Una macro es un conjunto de instrucciones que Word ejecuta de forma automática. Estas instrucciones pueden incluir prácticamente cualquier acción que el usuario realice manualmente:

- ▶ Aplicar formatos.
- ▶ Insertar elementos.
- ▶ Crear tablas.
- ▶ Cambiar estilos.
- ▶ Modificar texto.
- ▶ Ejecutar comandos del menú.
- ▶ Realizar secuencias complejas de pasos.

La macro reproduce exactamente lo que el usuario hizo durante la grabación. Esto convierte a las macros en una herramienta ideal para:

- ⊮ Estandarizar procesos.
- ⊮ Ahorrar tiempo.
- ⊮ Reducir errores humanos.
- ⊮ Aumentar la productividad.
- ⊮ Automatizar tareas repetitivas.

En entornos profesionales, donde la coherencia y la eficiencia son esenciales, las macros se convierten en un recurso imprescindible.

13.2 LA GRABADORA DE MACROS: ENSEÑAR A WORD PASO A PASO

La forma más sencilla de crear una macro es utilizar la **grabadora de macros**. Esta herramienta funciona como una cámara que registra cada acción del usuario: clics, selecciones, formatos, inserciones, movimientos… Una vez grabada, la macro puede ejecutarse con un solo clic o mediante un atajo de teclado.

La grabadora es ideal para usuarios que no tienen conocimientos de programación, ya que no requiere escribir código. Word se encarga de traducir las acciones en instrucciones internas.

13.2.1 Cómo iniciar la grabación de una macro

Para grabar una macro, el usuario accede a:

Vista → Macros → Grabar macro

En ese momento, Word solicita:

- ⊮ **Nombre de la macro** Debe ser descriptivo, sin espacios (por ejemplo: "FormatoInforme").
- ⊮ **Dónde almacenar la macro** Puede guardarse en el documento actual o en la plantilla Normal.dotm para que esté disponible en todos los documentos.
- ⊮ **Asignación a un botón o a un teclado** Esto permite ejecutar la macro fácilmente.

Una vez configurados estos elementos, Word comienza a grabar.

13.2.2 Qué ocurre durante la grabación

Mientras la grabadora está activa, Word registra:

- ⊮ Cambios de formato.
- ⊮ Inserciones de texto.
- ⊮ Aplicación de estilos.
- ⊮ Creación de tablas.
- ⊮ Movimientos del cursor.
- ⊮ Selecciones.
- ⊮ Acciones del menú.

Es importante actuar con precisión, ya que la macro reproducirá exactamente lo que se haga. Si se comete un error durante la grabación, lo ideal es detener la macro y comenzar de nuevo.

13.2.3 Finalizar la grabación

Cuando se han realizado todas las acciones deseadas, se detiene la grabación desde:

Vista → Macros → Detener grabación

A partir de ese momento, la macro queda disponible para su uso.

13.3 UTILIZACIÓN DE MACROS: EJECUTAR TAREAS CON UN SOLO CLIC

Una vez grabada, la macro puede ejecutarse de varias formas:

▼ Desde el menú **Vista → Macros → Ver macros.**

▼ Desde un botón en la barra de herramientas de acceso rápido.

▼ Desde un botón en la cinta de opciones.

▼ Mediante un atajo de teclado.

▼ Desde un formulario o panel personalizado.

La ejecución es instantánea: Word reproduce todas las acciones grabadas sin intervención del usuario.

13.3.1 Ejemplos prácticos de macros útiles

Macro para aplicar formato corporativo

Imagina que tu empresa utiliza siempre:

▼ Fuente Calibri 11.

▼ Interlineado 1,15.

▼ Espaciado posterior de 6 pt.

▼ Alineación justificada.

En lugar de aplicar estos formatos manualmente, una macro puede hacerlo en un segundo.

Macro para insertar una firma estándar

Si un documento requiere siempre una firma con nombre, cargo y fecha, una macro puede insertarla automáticamente.

Macro para crear una tabla preformateada

Una tabla con:

- 4 columnas.
- Encabezado sombreado.
- Bordes finos.
- Estilo corporativo.

Puede generarse con un solo clic.

Macro para preparar un documento base

Una macro puede:

- Insertar portada.
- Crear encabezado y pie.
- Aplicar estilos.
- Insertar secciones.
- Configurar márgenes.

Todo en un solo paso.

13.4 DÓNDE SE GUARDAN LAS MACROS Y CÓMO GESTIONARLAS

Las macros pueden guardarse en:

- **El documento actual.** Solo estará disponibles en ese archivo.
- **La plantilla Normal.dotm.** Estarán disponibles en todos los documentos.
- **Una plantilla personalizada (.dotm).** Ideal para entornos corporativos.

Desde **Vista → Macros → Ver macros**, el usuario puede:

- Ejecutar macros.
- Editarlas.
- Eliminarlas.
- Cambiar su ubicación.

13.5 EDICIÓN DE MACROS: UNA PUERTA AL LENGUAJE VBA

Aunque la grabadora de macros es suficiente para la mayoría de tareas, Word permite editar las macros mediante el editor de Visual Basic (VBA). Esto permite:

- Optimizar el código.
- Añadir condiciones.
- Crear bucles.
- Interactuar con otras aplicaciones.
- Crear funciones avanzadas.

No es necesario dominar VBA para utilizar macros, pero conocerlo amplía enormemente las posibilidades.

13.6 RECOMENDACIONES EN LA CREACIÓN DE MACROS

Para que las macros sean realmente útiles, conviene seguir algunas recomendaciones:

- ▶ **Nombrar las macros de forma clara** Ejemplo: "InsertarPortada", "FormatoInforme".
- ▶ **Evitar grabar errores o pasos innecesarios** La macro reproducirá todo.
- ▶ **Guardar copias de seguridad** Especialmente si se editan macros en VBA.
- ▶ **Agrupar macros relacionadas** En plantillas específicas.
- ▶ **Asignar atajos de teclado solo a macros importantes** Para evitar conflictos.

13.7 SEGURIDAD EN MACROS: ADVERTENCIAS Y PERMISOS

Las macros pueden contener código, por lo que Word incluye medidas de seguridad para evitar la ejecución de macros maliciosas. Cuando se abre un documento con macros, Word muestra una advertencia.

El usuario puede:

- ▶ Habilitar contenido.
- ▶ Deshabilitar macros.
- ▶ Confiar en el documento.
- ▶ Confiar en la ubicación del archivo.

En entornos corporativos, las políticas de seguridad pueden restringir el uso de macros.

13.8 MACROS EN ENTORNOS PROFESIONALES: AUTOMATIZACIÓN REAL

En empresas, las macros se utilizan para:

- ▶ Generar informes automáticos.
- ▶ Preparar documentos estándar.
- ▶ Integrar datos de Excel.
- ▶ Crear plantillas inteligentes.
- ▶ Automatizar procesos administrativos.
- ▶ Reducir tiempos de producción.

Una macro bien diseñada puede ahorrar horas de trabajo cada semana.

13.9 CÓMO UNA MACRO TRANSFORMA UN PROCESO

Imagina un departamento que genera cada día un informe con:

- Portada.
- Encabezado corporativo.
- Tabla de datos.
- Gráfico.
- Firma.
- Pie de página.

Antes, un técnico tardaba 15 minutos en preparar el documento. Con una macro, el proceso se reduce a **tres segundos**.

La macro:

1. Inserta la portada.
2. Aplica el estilo corporativo.
3. Crea la tabla.
4. Inserta el gráfico desde Excel.
5. Añade la firma.
6. Configura el pie de página.

El técnico solo debe introducir los datos. El ahorro anual es enorme.

ACTIVIDADES

Actividad 1. Grabación de una macro de formato

Graba una macro que aplique un formato corporativo completo (fuente, tamaño, interlineado, espaciado, alineación). Asigna la macro a un botón y ejecútala en un documento de prueba.

Actividad 2. Macro para crear un documento base

Graba una macro que inserte una portada, un encabezado, un pie de página y una tabla preformateada. Guarda la macro en la plantilla Normal.dotm y ejecútala en un documento nuevo.

Parte II

APLICACIONES INFORMÁTICAS PARA PRESENTACIONES: GRÁFICAS DE INFORMACIÓN

14

DISEÑO, ORGANIZACIÓN Y ARCHIVO DE PRESENTACIONES PROFESIONALES EN POWERPOINT

En cualquier organización moderna, las presentaciones son una herramienta de trabajo cotidiana. Se utilizan para defender proyectos, presentar resultados, formar a empleados, vender productos, informar a la dirección o comunicar cambios estratégicos. PowerPoint se ha convertido en el estándar de facto para este tipo de comunicaciones.

Sin embargo, que una presentación se haya creado en PowerPoint no significa necesariamente que sea profesional. Una presentación profesional no se define solo por el contenido que incluye, sino por **cómo se diseña, cómo se estructura, cómo respeta la imagen corporativa, cómo se organiza el archivo, cómo se protege la información y cómo se entrega el resultado final**.

En este capítulo vamos a recorrer todo ese ciclo de vida: desde el primer momento en que se crea una nueva presentación hasta el instante en que se archiva y se comparte. El objetivo es que el alumno aprenda a trabajar con PowerPoint como lo haría un profesional en una empresa real.

14.1 LA IMAGEN CORPORATIVA DE UNA EMPRESA

Toda empresa, institución o entidad profesional posee una **identidad visual** que debe reflejarse en sus documentos, su sitio web, su material publicitario y, por supuesto, en sus presentaciones. PowerPoint no es un "mundo aparte": las diapositivas forman parte de la comunicación oficial de la organización.

14.1.1 Qué entendemos por imagen corporativa

La imagen corporativa está formada por un conjunto de elementos coherentes:

- **Logotipo y versión isotipo** (símbolo sin texto, cuando existe).
- **Paleta de colores corporativos**, definida con códigos concretos.

▶ **Tipografías oficiales** (una o varias, para títulos y cuerpo).

▶ **Estilo gráfico general**: tratamiento de imágenes, iconos, fondos, etc.

▶ **Tono comunicativo**: más formal, más cercano, más técnico, etc.

Al diseñar una presentación en PowerPoint, no estamos simplemente escogiendo colores al azar. Deberíamos estar apoyándonos en esta identidad para que la presentación "suene" y "se vea" como parte de la organización, no como una pieza aislada.

14.1.2 Importancia de respetar la imagen corporativa

Respetar la imagen corporativa no es solo una cuestión estética, sino también estratégica:

▶ **Refuerza la marca**: el público reconoce inmediatamente la organización.

▶ **Proyecta seriedad**: una presentación bien alineada con la marca transmite orden y profesionalidad.

▶ **Evita contradicciones**: si cada presentación parece de una empresa distinta, la imagen se diluye.

▶ **Facilita el trabajo en equipo**: si todos utilizan las mismas guías, las presentaciones son coherentes entre sí.

Por el contrario, una presentación que utiliza colores estridentes ajenos a la organización, tipos de letra poco legibles o logotipos deformados puede perjudicar la percepción del mensaje. El contenido puede ser excelente, pero el envoltorio visual hace que pierda credibilidad.

14.1.3 El manual de identidad corporativa y su aplicación en PowerPoint

Muchas empresas disponen de un documento llamado **Manual de Identidad Corporativa** o **Guía de Estilo de Marca**. En él se detallan aspectos como:

▶ Colores corporativos (por ejemplo: azul principal, gris secundario, color de acento).

▶ Uso correcto e incorrecto del logotipo (tamaños mínimos, fondos permitidos).

▶ Tipografías (por ejemplo, una fuente para títulos y otra para texto).

▶ Margen de seguridad alrededor del logotipo.

▶ Estilo de fotografías (corporativas, naturales, sin filtros exagerados).

El profesional que crea presentaciones debe consultar este manual y trasladar sus normas a PowerPoint. Esto se suele realizar a través de:

▶ **Plantillas corporativas** (archivos .pptx o .potx) que ya incluyen los diseños aprobados.

▶ **Temas personalizados** (colores, fuentes y efectos) que se aplican a cualquier presentación.

▶ **Master o patrón de diapositivas**, donde se definen fondos, logotipos y posiciones de texto.

14.1.4 Plantillas corporativas y temas en PowerPoint

Una forma eficaz de garantizar el respeto a la imagen corporativa es utilizar una plantilla oficial de la organización. Esta plantilla suele contener:

- Portada base con el logotipo en lugar correcto.
- Diseños de diapositivas internas (título y contenido, comparativas, solo título, etc.).
- Configuración de colores y tipografías corporativas.
- Estilos predefinidos para gráficos, tablas y SmartArt.

Al iniciar una nueva presentación, el usuario debería partir de esa plantilla y no de un diseño improvisado. De este modo, gran parte de las decisiones de diseño ya vendrán "resueltas" y el usuario podrá centrarse en el contenido.

Selección de plantilla corporativa desde Archivo → Nuevo

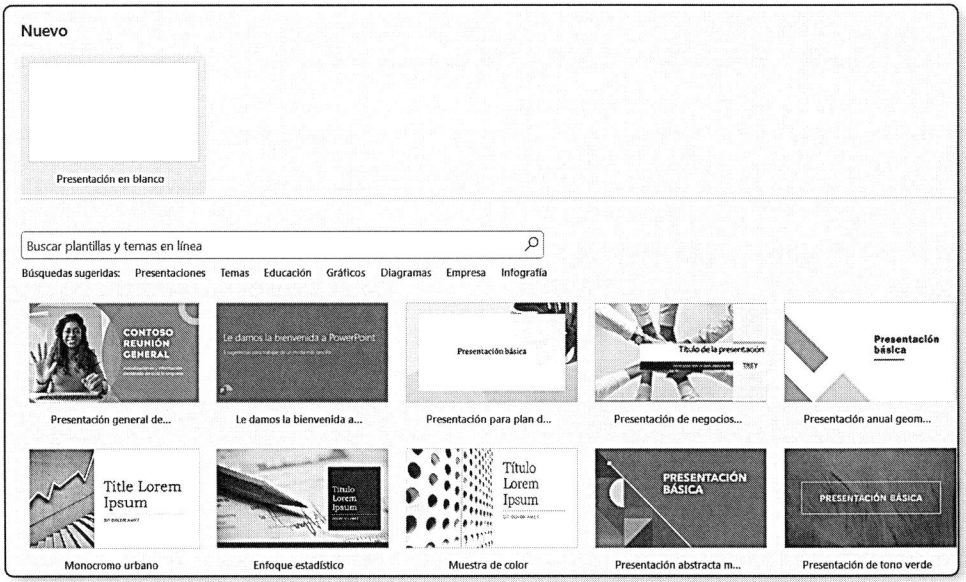

14.2 DISEÑO DE LAS PRESENTACIONES: CLARIDAD Y PERSUASIÓN

Una vez asegurado el respeto a la identidad corporativa, llega el momento de diseñar el contenido de la presentación. Aquí entran en juego dos conceptos fundamentales: **claridad** y **persuasión**. Una buena presentación debe ser fácil de entender y, además, debe contribuir a convencer, motivar o movilizar al público.

14.2.1 Claridad en la información

La claridad es el punto de partida. Si el público no entiende qué se le está explicando, ninguna estrategia persuasiva funcionará.

Algunas pautas para lograr claridad:

▶ **Menos es más**: cada diapositiva debe tener una idea principal, no cinco.

▶ **Texto breve**: frases cortas, sin subordinadas innecesarias.

▶ **Viñetas claras**: listas con entre 3 y 6 puntos como máximo, bien separados.

▶ **Lenguaje directo**: evitar tecnicismos si el público no los domina.

▶ **Evitar "bloques de texto"** largos que parecen párrafos de un libro pegados a una diapositiva.

En la práctica, una diapositiva con un título claro y tres ideas bien redactadas suele ser mucho más eficaz que otra con diez líneas de texto compacto.

14.2.2 Organización de la información

Además de clara, la información debe estar **bien organizada**. PowerPoint ofrece varias herramientas que facilitan esta tarea:

▶ **Diseños de diapositiva**: permiten elegir rápidamente estructuras comunes (título + contenido, dos columnas, comparativa, etc.).

▶ **Secciones**: ayudan a agrupar diapositivas en bloques lógicos (introducción, desarrollo, conclusiones).

Un error habitual es intentar meter "todo" en la diapositiva, cuando una parte del contenido puede ir en las notas o ser explicado verbalmente.

14.2.3 La persuasión en la transmisión de la idea

La persuasión es la capacidad de la presentación para **influir en la audiencia**, ya sea para que tome una decisión, acepte una propuesta o adopte un determinado punto de vista. En PowerPoint, esta persuasión se construye combinando contenido, estructura y elementos visuales.

Algunos principios básicos de persuasión en presentaciones:

▶ **Evidencias claras**: utilizar datos, gráficos, testimonios o ejemplos concretos.

▶ **Estructura narrativa**: plantear un problema, mostrar el análisis, proponer una solución.

▶ **Foco en beneficios**: aclarar qué gana la audiencia con lo que se propone.

▶ **Mensajes clave repetidos con intención**: no saturar, pero sí reforzar los puntos importantes.

El diseño visual puede apoyar esta persuasión, por ejemplo, destacando los mensajes clave con colores o tipografías ligeramente diferentes (siempre dentro de la identidad corporativa), o utilizando iconos que refuercen ideas sin recargar de texto.

14.2.4 Recursos visuales: imágenes, iconos y gráficos

Los elementos visuales son una parte esencial del diseño en PowerPoint. Bien utilizados, permiten:

- Sintetizar información compleja.
- Llamar la atención sobre un dato importante.
- Reforzar un argumento con una imagen potente.
- Hacer la presentación más atractiva y menos monótona.

No obstante, también pueden jugar en contra si se abusa de ellos o si se utilizan de forma arbitraria:

- Imágenes de baja calidad o pixeladas restan profesionalidad.
- Iconos sin relación con el contenido pueden confundir.
- Gráficos excesivamente recargados dificultan la lectura de los datos.

La regla general es sencilla: **cada elemento visual debe tener una función**. Si no aporta nada, es mejor no incluirlo.

14.2.5 Coherencia visual entre diapositivas

Un aspecto clave del diseño es la **coherencia**. La presentación debe percibirse como una unidad, no como una colección de diapositivas independientes. Para ello, se recomienda:

Mantener el mismo tipo de diseño en diapositivas similares.

- Utilizar la misma paleta de colores y la misma combinación de fuentes.
- Alinear correctamente todos los elementos (títulos, cajas de texto, imágenes).
- Evitar cambios bruscos de estilo sin justificación.

PowerPoint incluye herramientas de alineación y distribución que permiten colocar los elementos con precisión, así como la posibilidad de establecer "Guías" y "Rejillas" para mantener el orden visual.

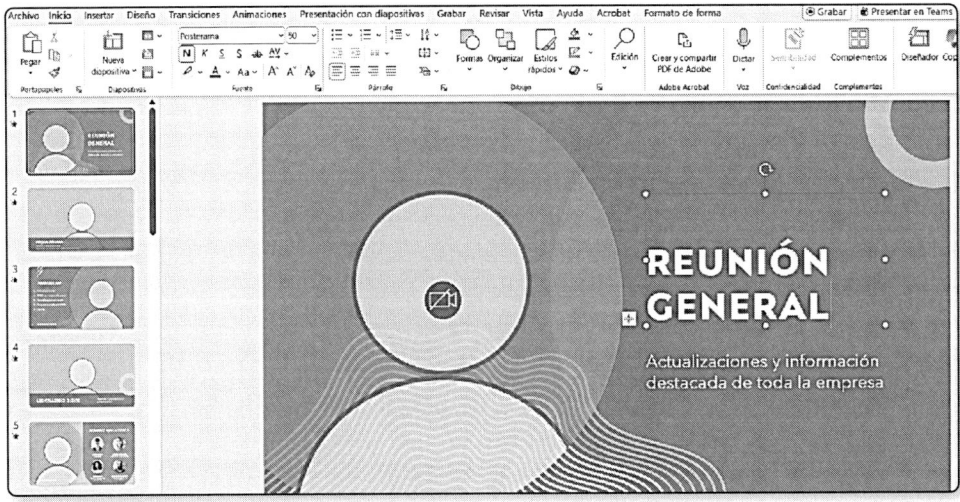

14.3 EVALUACIÓN DE LOS RESULTADOS

Una presentación no termina cuando se cierra PowerPoint o cuando se apaga el proyector. Desde una perspectiva profesional, es imprescindible **evaluar el impacto real** de la presentación para aprender de la experiencia y mejorar las siguientes.

14.3.1 Indicadores de eficacia

Algunos aspectos que conviene analizar:

▸ Comprensión del mensaje: ¿el público ha entendido lo esencial?

▸ Nivel de atención: ¿se mantuvo el interés durante la exposición?

▸ Participación: ¿hubo preguntas, comentarios, interacción?

▸ Reacción emocional: ¿la audiencia se mostró receptiva, indiferente, escéptica?

▸ Resultados concretos: ¿se tomó la decisión que se buscaba?, ¿se aprobaron las propuestas?, ¿se generaron las oportunidades esperadas?

No todas las presentaciones tienen el mismo objetivo. En unas, se busca informar; en otras, persuadir; en otras, formar. La evaluación debe tener en cuenta cuál era la finalidad.

14.3.2 Herramientas para la evaluación

Algunas formas de recoger información útil:

▸ **Encuestas breves**: físicas o digitales, al finalizar la sesión.

▸ **Reuniones de retroalimentación** con el equipo interno.

▸ **Revisión de grabaciones** si la presentación se ha realizado en línea y se ha grabado.

▸ **Comparación de resultados** antes y después de la presentación (por ejemplo, ventas, inscripciones, acuerdos).

El objetivo no es "buscar culpables" si algo no ha funcionado, sino **detectar qué se puede mejorar** en el diseño, en el contenido o en la forma de presentar.

14.4 ORGANIZACIÓN Y ARCHIVO DE LAS PRESENTACIONES

En un entorno profesional, no basta con diseñar bien una presentación: es necesario también **organizarla y archivarla correctamente** para poder reutilizarla, compartirla con otros compañeros y mantener un control sobre las versiones.

14.4.1 Nomenclatura de archivos

El nombre del archivo debe ser informativo. Algunos elementos que conviene incluir:

▼ Tema o proyecto: por ejemplo, "LanzamientoProductoX".

▼ Fecha o año: por ejemplo, "2026".

▼ Versión: "v1", "v2", "Final", etc.

▼ Si procede, el público objetivo: "ComitéDirección", "FormaciónInterna", etc.

Un ejemplo completo podría ser: presentacion_LanzamientoProductoX_ ComiteDireccion_2026_v3.pptx.

Este tipo de nomenclatura facilita saber, de un vistazo, qué contiene el archivo y en qué contexto se utilizó.

14.4.2 Estructura de carpetas

Tan importante como el nombre del archivo es la **ubicación** donde se guarda. En organizaciones que utilizan Microsoft es habitual trabajar con:

▼ **OneDrive** para archivos personales de trabajo.

▼ **SharePoint o Teams** para archivos compartidos por equipos o departamentos.

Una estructura de carpetas clara podría organizarse por:

▼ Proyectos.

▼ Clientes.

▼ Años.

▼ Tipos de documentos (presentaciones, informes, contratos, etc.).

La clave es que cualquier persona del equipo pueda localizar rápidamente la presentación que necesita sin depender de la memoria de quien la creó.

14.4.3 Versionado y copias

En algunos proyectos, una misma presentación sufre múltiples revisiones: se añaden diapositivas, se cambian datos, se ajusta el discurso. Para evitar confusiones es recomendable:

▼ Mantener un **historial de versiones** (v1, v2, v3…).

▼ Conservar copia de las versiones importantes (por ejemplo, la que se presentó ante la dirección).

▼ Evitar sobrescribir sin control un archivo que ya ha sido enviado o aprobado.

En entornos de colaboración en línea, PowerPoint integrado con OneDrive y SharePoint permite recuperar versiones anteriores de un mismo archivo, lo que añade una capa de seguridad adicional.

14.5 CONFIDENCIALIDAD DE LA INFORMACIÓN

Muchas presentaciones incluyen información sensible: resultados financieros, planes estratégicos, datos de clientes, precios, condiciones comerciales, información de empleados, etc. La gestión de estas presentaciones debe respetar siempre los principios de **confidencialidad**, **integridad** y **seguridad** de la información.

14.5.1 Riesgos más frecuentes

Algunos riesgos habituales son:

▶ Envío accidental de la presentación a destinatarios incorrectos.

▶ Almacenamiento en dispositivos personales sin protección.

▶ Uso de servicios de almacenamiento no autorizados por la organización.

▶ Pérdida de ordenadores o memorias USB con presentaciones sensibles.

▶ Compartición indiscriminada de enlaces sin control de permisos.

Estos escenarios pueden dar lugar a filtraciones de información con consecuencias legales, económicas o reputacionales para la empresa.

14.5.2 Medidas de protección en el archivo

Entre las medidas más comunes para proteger presentaciones confidenciales se encuentran:

▶ **Protección con contraseña** de apertura o de modificación.

▶ Guardar las presentaciones únicamente en **espacios de red protegidos** (OneDrive corporativo, SharePoint, Teams).

▶ Restringir los permisos de acceso a las personas que realmente necesitan la información.

▶ Evitar el envío por correo personal o servicios externos no aprobados.

PowerPoint, integrado en el ecosistema de Microsoft, ofrece opciones avanzadas de permisos, compartición segura y, en algunos entornos, incluso cifrado gestionado por la organización.

14.5.3 Avisos de confidencialidad

Además de las medidas técnicas, puede ser útil incorporar en algunas presentaciones un **aviso de confidencialidad**, por ejemplo en la primera diapositiva o en el pie de página. Este aviso recuerda a los receptores que:

▶ La información es interna.

▶ No debe difundirse sin autorización.

▶ Debe ser utilizada únicamente para los fines indicados.

Aunque un aviso no es una medida de seguridad en sí misma, sí refuerza la cultura de protección de la información.

14.6 ENTREGA DEL TRABAJO REALIZADO

La última fase del ciclo de vida de una presentación es su **entrega**: cómo se hace llegar al destinatario, en qué formato, con qué acompañamiento y en qué condiciones de seguridad.

14.6.1 Formatos habituales de entrega

Según el propósito y el destinatario, la presentación puede entregarse en diferentes formatos:

- **Archivo .pptx editable**: cuando el destinatario debe poder modificar o adaptar la presentación.

- **Archivo .pdf**: cuando se busca un formato fijo, sin posibilidad de cambios fáciles y con presentación uniforme en cualquier dispositivo.

- **Enlace compartido** (OneDrive, SharePoint, Teams): cuando se quiere trabajar de forma colaborativa o evitar enviar archivos por correo.

- **Presentación en directo**: en reuniones presenciales o en línea, proyectando desde el propio PowerPoint.

Es importante elegir el formato más adecuado según el contexto. Por ejemplo, no siempre es conveniente entregar un archivo editable a un cliente externo si se trata de una propuesta que no debe modificarse.

14.6.2 Revisión final antes de la entrega

Antes de dar por concluida la presentación, conviene realizar una **revisión final**:

- Comprobar ortografía y gramática.

- Revisar que todas las diapositivas respetan la identidad corporativa.

- Verificar que no se ha dejado contenido "de prueba" o notas internas que no deban verse.

- Confirmar que los datos (cifras, fechas, nombres) son correctos y están actualizados.

- Probar la presentación en la propia vista de presentación para detectar posibles problemas de ritmo o de legibilidad.

Esta revisión final es el equivalente a leer en voz alta un informe antes de imprimirlo: permite detectar errores que podrían echar por tierra un buen trabajo.

14.6.3 Entrega profesional

Además del archivo, la forma en que se entrega también transmite profesionalidad. Algunos detalles importantes:

▶ Acompañar la presentación con un **mensaje claro,** ya sea por correo electrónico, chat corporativo o informe adjunto.

▶ Indicar el **objetivo** de la presentación y, si procede, la fecha para comentarla o revisarla.

▶ Especificar si la presentación está **cerrada** (versión final) o es un **borrador** sujeto a cambios.

▶ En el caso de clientes o proveedores, utilizar un tono adecuado al contexto (más formal o cercano según la relación).

ACTIVIDADES

Actividad 1. Identidad corporativa en una presentación

Crea una presentación de **5 diapositivas** para una empresa ficticia.

▶ Define: **nombre, sector y valores**, **3 colores máximo** y **2 tipografías** (títulos/texto).

▶ Diseña: **portada**, **índice**, **2 de contenido** y **cierre**.

▶ Mantén **coherencia** de estilos en todas las diapositivas.

▶ Guarda como: `Presentacion_EmpresaFicticia_2026_v1.pptx`.

Actividad 2. Organización y confidencialidad

Crea una presentación de **4 diapositivas** para un informe interno:

▶ Portada (título, fecha, departamento) + **aviso de confidencialidad**.

▶ Resumen de resultados.

▶ Conclusiones.

▶ Propuestas de mejora.

▶ Guarda como: `InformeResultados_Direccion_2026_v2.pptx`, **exporta a PDF** y anota el **canal de entrega** (correo corporativo/Teams).

15

INTRODUCCIÓN Y CONCEPTOS GENERALES EN POWERPOINT

PowerPoint es una herramienta fundamental para la creación de presentaciones profesionales. Aunque su uso parece sencillo a primera vista, dominar la aplicación implica comprender su funcionamiento desde la base: cómo se ejecuta, cómo se cierra, cómo se crean y guardan presentaciones, cómo se organiza la interfaz y cómo se utilizan las distintas vistas que ofrece. Este capítulo proporciona una visión completa y detallada de estos conceptos iniciales, esenciales para cualquier usuario que desee trabajar con rigor y eficiencia.

15.1 EJECUCIÓN DE LA APLICACIÓN PARA PRESENTACIONES

El primer paso para trabajar con PowerPoint es ejecutar la aplicación. Aunque pueda parecer trivial, existen varias formas de iniciarla, y cada una responde a un contexto de trabajo distinto.

15.1.1 Inicio desde el menú Inicio de Windows

La forma más habitual de ejecutar PowerPoint es a través del menú Inicio:

- Hacer clic en el botón **Inicio** de Windows.
- Escribir "PowerPoint" en el cuadro de búsqueda.
- Seleccionar **PowerPoint** en los resultados.

Este método es rápido y funciona incluso si el usuario no recuerda la ubicación exacta del programa.

15.1.2 Inicio desde el escritorio o barra de tareas

Muchos usuarios prefieren tener un acceso directo:

- En el **escritorio**, mediante un icono.
- En la **barra de tareas**, anclando la aplicación para acceso inmediato.

Esto es especialmente útil para quienes trabajan con presentaciones de forma frecuente.

15.1.3 Inicio desde Microsoft (versión web)

PowerPoint también puede ejecutarse desde un navegador:

▶ Acceder a **www.office.com**.

▶ Iniciar sesión con la cuenta corporativa o educativa.

▶ Seleccionar **PowerPoint** en el panel de aplicaciones.

La versión web permite trabajar desde cualquier dispositivo sin necesidad de instalar la aplicación.

15.1.4 Inicio desde un archivo existente

Otra forma de ejecutar PowerPoint es abrir directamente un archivo .pptx:

▶ Desde el Explorador de archivos.

▶ Desde un correo electrónico.

▶ Desde OneDrive o SharePoint.

Al hacer doble clic sobre el archivo, PowerPoint se abre automáticamente.

15.2 SALIDA DE LA APLICACIÓN PARA PRESENTACIONES

Cerrar PowerPoint correctamente es tan importante como abrirlo. Una salida incorrecta puede provocar pérdida de datos o archivos dañados.

15.2.1 Cerrar desde el menú Archivo

La forma más segura de salir es:

▶ Ir a **Archivo**.

▶ Seleccionar **Salir**.

Si hay cambios sin guardar, PowerPoint mostrará un aviso.

15.2.2 Cerrar desde la "X" de la ventana

Otra forma habitual es hacer clic en la **X** de la esquina superior derecha. PowerPoint también solicitará guardar los cambios si es necesario.

15.2.3 Cierre automático por inactividad o apagado

En caso de apagado inesperado, PowerPoint incluye un sistema de recuperación automática que permite restaurar archivos no guardados. Aun así, es recomendable guardar con frecuencia.

15.3 CREACIÓN DE UNA PRESENTACIÓN

Crear una presentación es el punto de partida del trabajo en PowerPoint. Existen varias formas de hacerlo, según las necesidades del usuario.

15.3.1 Crear una presentación en blanco

La opción más básica:

- Abrir PowerPoint.
- Seleccionar **Presentación en blanco**.

Esto genera un archivo vacío con el diseño predeterminado.

15.3.2 Crear una presentación a partir de una plantilla

Las plantillas permiten comenzar con un diseño predefinido:

- Plantillas corporativas.
- Plantillas de Microsoft.
- Plantillas personalizadas.

Son ideales para mantener coherencia visual.

15.3.3 Crear una presentación desde un archivo existente

PowerPoint permite duplicar una presentación previa:

- Abrir un archivo existente.
- Guardarlo como un nuevo archivo.
- Modificar el contenido.

Esto es útil para presentaciones recurrentes.

15.4 GRABACIÓN DE UNA PRESENTACIÓN

Guardar o grabar una presentación es esencial para evitar pérdida de información.

15.4.1 Guardar por primera vez

Al guardar por primera vez:

- Ir a **Archivo → Guardar como**.
- Elegir ubicación (OneDrive, SharePoint, PC).
- Asignar un nombre al archivo.
- Seleccionar formato (.pptx por defecto).

15.4.2 Guardado automático (AutoSave)

En Microsoft, si el archivo está en OneDrive o SharePoint, el guardado automático está activado. Esto evita pérdidas por fallos inesperados.

15.4.3 Guardar versiones adicionales

Es recomendable guardar versiones numeradas:

- v1, v2, v3…
- "Final", "Revisión", "Cliente", etc.

Esto facilita el control de cambios.

15.5 CIERRE DE UNA PRESENTACIÓN

Cerrar una presentación no implica cerrar PowerPoint. Puede cerrarse un archivo sin salir de la aplicación.

15.5.1 Cerrar solo el archivo

- Ir a **Archivo → Cerrar**.
- PowerPoint vuelve a la pantalla inicial.

15.5.2 Cerrar con aviso de cambios

Si hay cambios sin guardar, PowerPoint mostrará un cuadro de diálogo:

- **Guardar.**
- **No guardar.**
- **Cancelar.**

Es importante elegir correctamente para evitar pérdidas.

15.6 APERTURA DE UNA PRESENTACIÓN

Abrir una presentación es una operación frecuente.

15.6.1 Abrir desde Archivo → Abrir

Permite acceder a:

- Archivos recientes.
- OneDrive.
- SharePoint.
- Equipo local.
- Carpetas personalizadas.

15.6.2 Abrir desde el Explorador de archivos

Haciendo doble clic sobre un archivo .pptx.

15.6.3 Abrir desde correo electrónico o Teams

PowerPoint se abre automáticamente al seleccionar un archivo adjunto.

15.7 ESTRUCTURA DE LA PANTALLA

La interfaz de PowerPoint está diseñada para facilitar el trabajo visual. Comprender su estructura es fundamental para trabajar con eficiencia.

15.7.1 Barra de título

Incluye:

- Nombre del archivo.
- Ubicación (OneDrive, PC).
- Botones de control de ventana.

15.7.2 Cinta de opciones

Organizada en pestañas:

- Inicio.
- Insertar.
- Diseño.
- Transiciones.
- Animaciones.
- Presentación con diapositivas.
- Revisar.
- Vista.

Cada pestaña contiene grupos de herramientas.

15.7.3 Panel de diapositivas

A la izquierda, muestra miniaturas de todas las diapositivas.

15.7.4 Área de trabajo

Zona central donde se edita la diapositiva.

15.7.5 Panel de notas

Permite añadir notas para el presentador.

15.7.6 Barra de estado

Muestra:

- Número de diapositiva.
- Idioma.
- Zoom.
- Vista actual.

15.8 LAS VISTAS DE LA APLICACIÓN PARA PRESENTACIONES

PowerPoint ofrece distintas vistas que permiten trabajar con la presentación desde diferentes perspectivas. Cada vista tiene una función específica y es importante conocerlas para utilizarlas correctamente.

15.8.1 Vista Normal

La vista Normal es la vista principal y la más utilizada. Permite:

- Editar el contenido de cada diapositiva.
- Ver miniaturas en el panel izquierdo.
- Añadir notas del orador.
- Insertar elementos visuales.

Es la vista ideal para la creación y edición detallada.

15.8.2 Vista Clasificador de diapositivas

El Clasificador de diapositivas muestra todas las diapositivas en miniatura, distribuidas en una cuadrícula. Es útil para:

- Reorganizar el orden de las diapositivas.
- Eliminar o duplicar varias diapositivas a la vez.
- Visualizar la estructura global de la presentación.
- Detectar incoherencias visuales.

Se accede desde **Vista → Clasificador de diapositivas**.

15.8.3 Vista Esquema

La vista Esquema muestra el contenido textual de la presentación en forma de lista jerárquica. Permite:

- Revisar la estructura lógica del contenido.
- Editar texto rápidamente sin distracciones visuales.
- Detectar redundancias o falta de coherencia.
- Reorganizar títulos y subtítulos.

Es especialmente útil para presentaciones largas.

ACTIVIDADES

Actividad 1. Exploración de la interfaz

- Ejecuta PowerPoint desde el menú Inicio.
- Crea una presentación en blanco.
- Identifica cada zona de la interfaz y anótala en tus apuntes.
- Cambia entre las vistas Normal, Clasificador y Esquema.

Actividad 2. Gestión de archivos

- Crea una presentación con tres diapositivas.
- Guárdala con el nombre "Practica_PowerPoint__v1".
- Ciérrala y vuelve a abrirla desde Archivo → Abrir.
- Guarda una segunda versión con el nombre "Practica_PowerPoint__v2".

16

ACCIONES CON DIAPOSITIVAS EN POWERPOINT

El trabajo con diapositivas constituye el núcleo fundamental de PowerPoint. Aunque la aplicación ofrece multitud de herramientas avanzadas, la base de cualquier presentación profesional reside en saber gestionar correctamente las diapositivas: insertarlas, eliminarlas, duplicarlas y ordenarlas. Estas acciones, aparentemente simples, determinan la estructura, el ritmo y la coherencia de la presentación. Un usuario que domina estas operaciones básicas puede construir presentaciones sólidas, claras y bien organizadas, mientras que un manejo deficiente de las diapositivas suele dar lugar a presentaciones confusas, desordenadas o difíciles de seguir.

En este capítulo profundizaremos en cada una de estas acciones, explicando no solo cómo se realizan técnicamente, sino también cómo se aplican en un contexto profesional y qué criterios deben guiar al usuario para tomar decisiones adecuadas.

16.1 INSERCIÓN DE NUEVAS DIAPOSITIVAS

La inserción de nuevas diapositivas es una de las operaciones más frecuentes en PowerPoint. Cada diapositiva representa una unidad de contenido, y su correcta creación es esencial para mantener la coherencia visual y narrativa de la presentación.

16.1.1 Formas de insertar una nueva diapositiva

PowerPoint ofrece varias formas de insertar una diapositiva, adaptándose a distintos estilos de trabajo.

a) Desde la pestaña Inicio

- Ir a la pestaña **Inicio**.
- Hacer clic en **Nueva diapositiva**.
- Seleccionar un diseño predefinido (Título y contenido, Dos contenidos, Comparación, Solo título, etc.).

Esta es la forma más habitual y permite elegir el diseño adecuado desde el primer momento.

b) Desde el panel de diapositivas

En el panel izquierdo, donde aparecen las miniaturas:

- Hacer clic derecho entre dos diapositivas.
- Seleccionar **Nueva diapositiva**.

Este método es rápido y permite insertar la diapositiva exactamente en la posición deseada.

c) Atajo de teclado

PowerPoint permite insertar una diapositiva con: **Ctrl + M.**

Este atajo es especialmente útil para usuarios avanzados que buscan rapidez.

d) Insertar diapositiva desde el patrón

Si se trabaja con un patrón de diapositivas personalizado:

- Ir a **Vista → Patrón de diapositivas**.
- Seleccionar el diseño deseado.
- Insertar la diapositiva desde ese diseño.

Esto garantiza que la diapositiva respete la identidad corporativa.

16.1.2 Selección del diseño adecuado

No todas las diapositivas deben tener el mismo diseño. PowerPoint ofrece múltiples diseños predefinidos, cada uno pensado para un tipo de contenido:

- **Título y contenido**: ideal para ideas principales.
- **Dos contenidos**: perfecto para comparaciones.
- **Título de sección**: para separar bloques temáticos.
- **Solo título**: para diapositivas visuales con imágenes o gráficos.
- **En blanco**: para diseños totalmente personalizados.

Elegir el diseño adecuado mejora la claridad y la estética de la presentación.

16.1.3 Recomendaciones al insertar diapositivas

- Mantener coherencia visual con el resto de la presentación.
- Evitar insertar diapositivas en blanco sin propósito.
- No saturar la presentación con demasiadas diapositivas similares.
- Utilizar títulos claros y descriptivos.
- Insertar diapositivas de sección para separar bloques temáticos.

16.2 ELIMINACIÓN DE DIAPOSITIVAS

Eliminar diapositivas es una operación necesaria para depurar, simplificar o reorganizar la presentación. Una presentación profesional no debe incluir diapositivas redundantes, incompletas o irrelevantes.

16.2.1 Cómo eliminar una diapositiva

a) Desde el panel de diapositivas

▼ Seleccionar la diapositiva.
▼ Pulsar la tecla **Supr**.

Este es el método más rápido.

b) Desde el menú contextual

▼ Clic derecho sobre la miniatura.
▼ Seleccionar **Eliminar diapositiva**.

c) Eliminar varias diapositivas a la vez

PowerPoint permite seleccionar varias diapositivas:

▼ Manteniendo pulsada **Ctrl** para selección múltiple.
▼ Manteniendo pulsada **Shift** para seleccionar un rango.

Una vez seleccionadas, basta con pulsar **Supr**.

16.2.2 Cuándo eliminar una diapositiva

Eliminar una diapositiva no es solo una acción técnica, sino también una decisión editorial. Conviene eliminar una diapositiva cuando:

▼ Repite información ya presentada.
▼ No aporta valor al mensaje principal.
▼ Está incompleta o mal diseñada.
▼ Rompe el ritmo de la presentación.
▼ Contiene información obsoleta.

Una presentación profesional debe ser concisa y directa.

16.2.3 Recuperación de diapositivas eliminadas

Si se elimina una diapositiva por error:

� Se puede usar **Ctrl + Z** para deshacer.

▸ Si se ha cerrado el archivo, PowerPoint puede recuperar versiones anteriores desde OneDrive o SharePoint.

16.3 DUPLICACIÓN DE DIAPOSITIVAS

Duplicar diapositivas es una herramienta muy útil cuando se desea mantener un diseño o estructura y reutilizarlo con contenido diferente.

16.3.1 Cómo duplicar una diapositiva

a) Desde el menú contextual

▸ Clic derecho sobre la diapositiva.
▸ Seleccionar **Duplicar diapositiva**.

b) Atajo de teclado

▸ **Ctrl + D.**

Este método es extremadamente rápido.

c) Copiar y pegar

Seleccionar la diapositiva.

▸ **Ctrl + C.**
▸ **Ctrl + V.**

16.3.2 Cuándo duplicar una diapositiva

Duplicar es útil cuando:

▸ Se quiere mantener el mismo diseño.
▸ Se necesita repetir una estructura visual.
▸ Se trabaja con listas o gráficos similares.
▸ Se desea crear variaciones de una misma idea.

16.3.3 Recomendaciones al duplicar

▸ Evitar duplicar diapositivas con contenido que pueda generar confusión.
▸ Revisar títulos y numeraciones después de duplicar.
▸ Asegurar que el contenido duplicado se adapta al nuevo propósito.

16.4 ORDENACIÓN DE DIAPOSITIVAS

El orden de las diapositivas determina la narrativa de la presentación. Una buena presentación no solo tiene buen contenido, sino también un **orden lógico y fluido**.

16.4.1 Cómo cambiar el orden de las diapositivas

a) Arrastrar y soltar

En el panel de miniaturas:

▼ Seleccionar la diapositiva.
▼ Arrastrarla a la nueva posición.

b) Desde la vista Clasificador de diapositivas

Esta vista facilita la reorganización global:

▼ Ir a **Vista** → **Clasificador de diapositivas**.
▼ Arrastrar las diapositivas según el orden deseado.

16.4.2 Criterios para ordenar diapositivas

Una presentación debe seguir una estructura lógica. Algunos criterios:

a) Orden cronológico

Ideal para:

▼ Informes de progreso.
▼ Proyectos con fases.
▼ Presentaciones históricas.

b) Orden temático

Útil para:

▼ Formación.
▼ Presentaciones técnicas.
▼ Explicaciones conceptuales.

c) Orden persuasivo

Común en:

▼ Presentaciones comerciales.
▼ Propuestas de negocio.
▼ Argumentaciones estratégicas.

Este orden suele seguir:

- Problema.
- Análisis.
- Solución.
- Beneficios.
- Cierre.

16.4.3 Errores comunes en la ordenación

- Saltos bruscos entre temas.
- Repetición de ideas.
- Falta de introducción o conclusión.
- Orden incoherente con el objetivo de la presentación.

ACTIVIDADES

Actividad 1. Gestión básica de diapositivas

- Crea una presentación con 6 diapositivas.
- Inserta dos diapositivas nuevas con distintos diseños.
- Duplica una de ellas.
- Elimina una diapositiva innecesaria.
- Reordena las diapositivas para que sigan una secuencia lógica.

Actividad 2. Construcción de una narrativa visual

- Crea una presentación sobre un tema libre.
- Inserta diapositivas siguiendo un orden narrativo (inicio, desarrollo, cierre).
- Duplica una diapositiva para crear una variación.
- Elimina contenido redundante.
- Ordena las diapositivas en la vista Clasificador.

17

TRABAJO AVANZADO CON OBJETOS, TEXTO, TABLAS, FORMAS, IMÁGENES, GRÁFICOS Y DIAGRAMAS EN POWERPOINT

PowerPoint es un entorno visual basado en objetos. Cada elemento que aparece en una diapositiva –texto, imágenes, formas, gráficos, tablas, vídeos o diagramas– funciona como una pieza independiente que puede seleccionarse, moverse, alinearse, formatearse y reorganizarse. Comprender esta lógica es fundamental para diseñar presentaciones profesionales, limpias y equilibradas.

Este capítulo ofrece una guía clara y progresiva para dominar el trabajo con objetos y mejorar la calidad visual de cualquier presentación.

Selección de objetos

Seleccionar un objeto es el primer paso para modificarlo. Cuando un elemento está seleccionado, aparece rodeado por un marco con controladores. Estos puntos permiten cambiar su tamaño, rotarlo o ajustarlo según sea necesario.

Existen varias formas de seleccionar:

- **Clic directo:** la forma más rápida para trabajar con un único elemento.
- **Selección múltiple con Ctrl:** permite elegir varios objetos a la vez para moverlos o formatearlos de forma conjunta.
- **Selección por área:** arrastrar el ratón formando un rectángulo para seleccionar varios elementos cercanos.
- **Panel de selección:** una lista completa de todos los objetos de la diapositiva, ideal para diseños complejos o elementos superpuestos.

El Panel de selección es especialmente útil porque permite renombrar objetos, ocultarlos temporalmente y reorganizarlos con precisión.

Desplazamiento de objetos

Mover objetos correctamente es clave para lograr composiciones equilibradas. PowerPoint permite hacerlo de varias formas:

- **Arrastrar con el ratón:** rápido e intuitivo para movimientos amplios.
- **Flechas del teclado:** ideal para ajustes milimétricos.
- **Shift + arrastrar:** restringe el movimiento a una línea recta, evitando desviaciones accidentales.

Combinar ratón y teclado ofrece un control total sobre la posición final del objeto.

Eliminación de objetos

Eliminar elementos innecesarios mejora la claridad visual. Una diapositiva sobrecargada dificulta la comprensión del mensaje.

Puedes hacerlo mediante:

- **Tecla Supr**, para una eliminación inmediata.
- **Menú contextual**, útil cuando se revisa el diseño con más detalle.
- **Eliminación múltiple**, seleccionando varios objetos antes de borrarlos.

Modificación del tamaño de los objetos

El tamaño de un objeto determina su peso visual dentro de la diapositiva. Ajustarlo correctamente ayuda a establecer jerarquías claras.

Los **controladores de esquina** mantienen la proporción del objeto, ideales para imágenes y formas.

Los **controladores laterales** permiten modificar solo el ancho o el alto.

Mantener pulsada la tecla **Shift** evita deformaciones.

El panel **Formato → Tamaño** permite introducir medidas exactas para lograr uniformidad.

Duplicación de objetos

Duplicar objetos acelera el diseño y garantiza coherencia visual.

- **Ctrl + D** crea una copia inmediata.
- **Copiar y pegar** es el método universal.
- **Arrastrar con Ctrl** permite duplicar y posicionar en un solo gesto.

Reubicación de objetos (capas)

Cuando varios objetos se superponen, PowerPoint los organiza en capas. Controlar este orden es esencial para decidir qué elementos deben verse delante o detrás.

- **Traer al frente** coloca un objeto por encima de todos.
- **Enviar al fondo** lo sitúa detrás del resto.
- Las **capas intermedias** permiten ajustar la profundidad visual en diseños complejos.

Alineación y distribución

Una diapositiva bien alineada transmite profesionalidad. PowerPoint ofrece herramientas para:

▼ Alinear objetos a la izquierda, centro, derecha, arriba, medio o abajo.

▼ Distribuirlos equitativamente para mantener el equilibrio visual.

▼ Activar **guías y cuadrículas**, que funcionan como referencias invisibles para lograr precisión.

Trabajo con textos

El texto es uno de los elementos más importantes de una presentación. Debe ser claro, breve y bien formateado.

Puedes insertarlo directamente en la diapositiva o mediante cuadros de texto. La **vista Esquema** permite redactar el contenido de forma estructurada, ideal para planificar la presentación antes de diseñarla.

El formato del texto incluye:

▼ Fuente.

▼ Tamaño.

▼ Color.

▼ Interlineado.

▼ Viñetas y numeración.

Estos ajustes mejoran la legibilidad y ayudan a destacar ideas clave.

Formato de párrafos

El formato de párrafos organiza la información dentro de un cuadro de texto. Permite:

▼ Alinear el contenido según el tipo de mensaje.

▼ Crear listas numeradas para pasos o instrucciones.

▼ Usar viñetas para ideas principales.

▼ Aplicar estilos de los temas de PowerPoint para mantener coherencia visual.

Tablas

Las tablas permiten organizar información de forma clara y estructurada. Se insertan desde el menú **Insertar** → **Tabla** y pueden personalizarse mediante:

▼ Inserción o eliminación de filas y columnas.

▼ Combinación o división de celdas.

▼ Alineación horizontal y vertical.

Estilos predefinidos para profesionalizar su aspecto.

Dibujos y formas geométricas

Las líneas y formas simples permiten crear esquemas personalizados, destacar información o construir diseños visuales más elaborados.

- ▶ Las **líneas rectas** conectan ideas.
- ▶ Las **líneas curvas** aportan dinamismo.
- ▶ Las **formas geométricas** (rectángulos, círculos, flechas, bocadillos) son la base de muchos diagramas y composiciones.

Todas pueden personalizarse en grosor, color, estilo y efectos.

Sombras y efectos 3D

Los efectos visuales pueden mejorar una diapositiva, pero deben usarse con moderación.

- ▶ Las **sombras suaves** añaden profundidad sin distraer.
- ▶ Los **efectos 3D** deben aplicarse con criterio para evitar sobrecargar el diseño.

Reglas, guías y cuadrícula

Estas herramientas invisibles ayudan a diseñar con precisión:

- ▶ Las **reglas** permiten mantener márgenes y medidas.
- ▶ Las **guías** ayudan a alinear objetos.
- ▶ La **cuadrícula** facilita el ajuste automático.

Imágenes

Las imágenes deben ser de calidad y tener un propósito claro. Pueden insertarse desde archivo o mediante recursos prediseñados. PowerPoint permite:

- Recortar.
- Ajustar brillo y contraste.
- Aplicar filtros.
- Quitar el fondo.

Gráficos

Los gráficos permiten visualizar datos de forma clara. PowerPoint ofrece:

- Columnas, barras y líneas para comparaciones.
- Sectores para distribuciones.
- Dispersión para relaciones entre variables.

Combinados para datos complejos.

Diagramas SmartArt

Los diagramas SmartArt ayudan a representar procesos, jerarquías y relaciones de forma visual. Entre los más utilizados:

Organigramas.

- Procesos secuenciales.
- Ciclos.
- Matrices.

WordArt

WordArt permite crear títulos llamativos mediante estilos decorativos como degradados, contornos o sombras. Es recomendable usarlo solo en elementos destacados.

Sonidos y vídeos

Los elementos multimedia pueden enriquecer la presentación si se usan con criterio. Se insertan desde el menú correspondiente y deben ajustarse en duración, volumen y ubicación. Su uso debe ser moderado para evitar distracciones.

ACTIVIDADES

Actividad 1. Construcción visual completa.

Crea una diapositiva que combine formas, texto, imagen y gráfico. Alinea todos los elementos y explica por qué tu composición es clara y profesional.

Actividad 2. Diagrama y tabla profesional.

Inserta un organigrama y una tabla. Aplica estilos coherentes y explica cómo esta estructura ayuda a organizar la información.

18

FORMATO DE PÁRRAFOS, TABLAS Y DIBUJOS EN POWERPOINT

El diseño de una presentación profesional no depende únicamente de los elementos visuales más llamativos, como imágenes o gráficos. Una parte esencial del trabajo en PowerPoint consiste en dominar el formato de párrafos, la gestión de tablas y el uso de dibujos y líneas. Estos elementos, aunque discretos, son los que realmente permiten estructurar la información, mejorar la legibilidad, reforzar la jerarquía visual y aportar claridad al mensaje.

Una presentación puede tener colores atractivos y fotografías de alta calidad, pero si el texto está mal alineado, las listas no están organizadas o las tablas no son legibles, el resultado final será confuso. Por eso, este capítulo profundiza en cada uno de estos aspectos, explicando no solo cómo se aplican técnicamente, sino también cómo utilizarlos con criterio profesional.

18.1 FORMATO DE PÁRRAFOS

El formato de párrafos determina cómo se presenta el texto dentro de una diapositiva. Aunque PowerPoint no es un procesador de textos como Word, ofrece herramientas suficientes para controlar la apariencia del texto y mejorar su legibilidad. Para facilitar la comprensión, utilizaremos **tablas explicativas** que resumen los conceptos clave y permiten comparar opciones de forma clara.

Alineación del texto

La alineación define cómo se distribuye el texto dentro de un cuadro de texto. En la siguiente tabla se muestran los tipos de alineación disponibles y su uso recomendado:

Tipo de alineació	Descripción	Uso recomendado
Izquierda.	El texto se alinea al margen izquierdo.	Textos explicativos, párrafos largos, contenido general.
Centrada.	El texto se sitúa en el centro del cuadro.	Títulos, citas, mensajes breves.
Derecha.	El texto se alinea al margen derecho.	Datos numéricos, elementos decorativos.
Justificada.	El texto ocupa toda la línea.	Documentos largos; evitar en textos cortos.

Para aplicar cualquiera de estas alineaciones, basta con seleccionar el texto y utilizar las opciones del grupo **Párrafo** en la pestaña **Inicio**.

Listas numeradas

Las listas numeradas permiten organizar información secuencial. En la siguiente tabla se muestran los principales usos y estilos disponibles:

Estilo de numeración	Ejemplo	Cuándo utilizarlo
Números (1, 2, 3).	Paso uno.	Procedimientos paso a paso, secuencias temporales.
Letras (a, b, c).	a) Primera opción.	Subniveles o clasificaciones.
Romanos (I, II, III).	I. Introducción.	Estructuras formales o académicas.
Personalizado.	1.1, 1.2	Esquemas complejos o jerárquicos.

Las listas numeradas deben utilizarse cuando el orden es importante. Si no existe una secuencia lógica, es preferible utilizar viñetas.

Listas con viñetas

Las viñetas son ideales para listas sin orden específico. La siguiente tabla resume los tipos más comunes y su aplicación:

Tipo de viñeta	Ejemplo visual	Uso recomendado
Punto •.	• Elemento.	Ideas principales, listas simples.
Cuadrado ■.	■ Elemento.	Listas más formales o técnicas.
Flecha →.	→ Elemento.	Destacar acciones o direcciones.
Icono.	★ Elemento.	Presentaciones creativas.
Imagen.	(Miniatura).	Presentaciones temáticas.

Las viñetas deben ser coherentes con el estilo general de la presentación. No es recomendable mezclar demasiados estilos en una misma diapositiva.

Estilos de párrafo

Aunque PowerPoint no dispone de un sistema de estilos tan avanzado como Word, sí permite aplicar estilos coherentes mediante temas y diseños de diapositiva. La siguiente tabla resume los elementos que definen un estilo de párrafo:

Elemento	Función
Fuente.	Determina la personalidad del texto.
Tamaño.	Afecta a la legibilidad.
Color.	Refuerza la jerarquía visual.
Alineación.	Organiza el contenido.
Interlineado.	Facilita la lectura.
Espaciado.	Separa bloques de información.
Viñetas/numeración.	Estructuran listas.

18.2 TABLAS

Las tablas permiten organizar información en filas y columnas, facilitando la comparación y la lectura estructurada. En PowerPoint, las tablas no solo son herramientas de organización, sino también elementos visuales que pueden integrarse en el diseño de la diapositiva.

Creación de tablas

Existen varias formas de insertar una tabla. La siguiente tabla compara los métodos disponibles:

Método	Procedimiento	Ventajas
Desde Insertar.	Insertar → Tabla → Seleccionar filas/columnas.	Rápido y flexible.
Desde marcador de posición.	Clic en el icono de tabla.	Integrado en el diseño de la diapositiva.
Pegado desde Excel.	Copiar → Pegar.	Mantiene formato y datos originales.

Operaciones con filas y columnas

Una vez creada la tabla, es posible modificar su estructura. La siguiente tabla resume las operaciones más comunes:

Operación	Descripción	Cuándo usarla
Insertar filas.	Añade filas arriba o abajo.	Ampliar contenido.
Insertar columnas.	Añade columnas a izquierda o derecha.	Añadir categorías.
Eliminar.	Suprime filas, columnas o la tabla completa.	Simplificar la estructura.
Combinar celdas.	Une varias celdas.	Crear encabezados o bloques.
Dividir celdas.	Separa una celda en varias.	Añadir subcategorías.

Alineación del contenido

La alineación dentro de las celdas es esencial para la legibilidad. La siguiente tabla muestra las opciones disponibles:

Tipo de alineación	Ejemplo	Uso recomendado
Horizontal izquierda.	Texto.	Listas o textos largos.
Horizontal centrada.	Texto.	Datos breves o títulos.
Horizontal derecha.	Texto.	Números o importes.
Vertical arriba.	Texto.	Tablas densas.
Vertical medio.	Texto.	Tablas equilibradas.
Vertical abajo.	Texto.	Tablas con imágenes.

Estilos de tabla

PowerPoint ofrece estilos predefinidos que permiten aplicar colores, bordes y sombreados. La siguiente tabla resume los estilos más utilizados:

Estilo	Características	Uso recomendado
Encabezado.	Primera fila destacada.	Tablas informativas.
Filas alternas.	Fondo alterno.	Mejor legibilidad.
Colores corporativos.	Paleta del tema.	Presentaciones institucionales.
Bordes personalizados.	Grosor y color ajustables.	Tablas técnicas.

18.3 DIBUJOS

PowerPoint permite insertar dibujos simples mediante formas y líneas. Aunque no es un programa de diseño avanzado, estas herramientas son suficientes para crear esquemas, diagramas y elementos visuales personalizados.

Líneas y sus propiedades

Las líneas son elementos básicos pero muy útiles. La siguiente tabla resume los tipos de líneas disponibles:

Tipo de línea	Descripción	Uso recomendado
Recta.	Línea simple.	Conectar elementos.
Con flecha.	Línea con punta.	Indicar dirección.
Doble.	Dos líneas paralelas.	Separaciones fuertes.
Curva.	Línea ondulada.	Diseños orgánicos.
A mano alzada.	Trazo libre.	Anotaciones informales.

Las líneas tienen propiedades como grosor, color, estilo (punteado, discontinuo) y flechas en uno o ambos extremos. Estas propiedades permiten adaptar la línea al diseño de la diapositiva y al propósito del dibujo.

Cuándo usar líneas

La siguiente tabla resume los usos más comunes:

Uso	Ejemplo	Objetivo
Conectar elementos.	Flechas entre cuadros.	Mostrar relaciones.
Crear diagramas.	Líneas + formas.	Explicar procesos.
Subrayar.	Línea bajo un título.	Destacar información.
Separar secciones.	Línea horizontal.	Organizar contenido.

ACTIVIDADES

Actividad 1. Formato de párrafos

- Inserta un cuadro de texto.
- Escribe un párrafo y aplica alineación izquierda.
- Crea una lista numerada.
- Crea una lista con viñetas personalizadas.
- Cambia el espaciado entre líneas.

Actividad 2. Tablas y dibujos

- Inserta una tabla de 4 columnas y 3 filas.
- Combina dos celdas y divide otra.
- Alinea el contenido al centro.
- Inserta una línea con flecha y conéctala a la tabla.
- Cambia el color y grosor de la línea.

19

FORMAS, IMÁGENES, GRÁFICOS Y HERRAMIENTAS DE DISEÑO EN POWERPOINT

El diseño visual es uno de los pilares fundamentales de cualquier presentación profesional. Aunque el texto y la estructura narrativa son esenciales, la capacidad de integrar formas geométricas, autoformas, imágenes, gráficos, sombras, efectos 3D, reglas y guías determina en gran medida la calidad estética y comunicativa de una diapositiva. PowerPoint ofrece un conjunto muy completo de herramientas que permiten crear composiciones visuales precisas, equilibradas y atractivas, sin necesidad de recurrir a programas de diseño avanzados. Este capítulo profundiza en todas estas herramientas, explicando cómo funcionan, cuándo utilizarlas y qué criterios profesionales deben guiar su aplicación.

19.1 RECTÁNGULOS Y CUADRADOS

Los rectángulos y cuadrados son las formas más utilizadas en PowerPoint. Su versatilidad permite crear desde contenedores de texto hasta elementos decorativos, botones, esquemas, fondos y estructuras visuales. Son la base de la mayoría de composiciones modernas, especialmente en presentaciones corporativas, donde predominan los diseños limpios, modulares y estructurados.

Para insertar un rectángulo, se accede a **Insertar → Formas**, se selecciona la forma y se arrastra sobre la diapositiva. Si se desea crear un cuadrado perfecto, basta con mantener pulsada la tecla **Shift** mientras se arrastra.

Los rectángulos y cuadrados se utilizan para crear bloques de contenido, destacar títulos o subtítulos, diseñar tarjetas visuales, crear fondos parciales, construir diagramas u organizar información en columnas. Su simplicidad los convierte en una herramienta extremadamente flexible.

En el ámbito profesional, los rectángulos permiten crear composiciones limpias y ordenadas. Por ejemplo, pueden utilizarse para crear una banda lateral que contenga el título de la sección, o para dividir la diapositiva en dos columnas equilibradas. También son útiles para crear tarjetas visuales que agrupen información, como datos clave, cifras destacadas o conceptos importantes.

Es importante seguir algunas recomendaciones al utilizar rectángulos y cuadrados. Conviene evitar colores demasiado saturados, ya que pueden resultar agresivos visualmente. Es recomendable mantener coherencia con la paleta corporativa, utilizando colores institucionales o tonos neutros. Las esquinas redondeadas pueden aportar un estilo más moderno y suave. Por último, es fundamental alinear los rectángulos entre sí para mantener orden visual y evitar composiciones desorganizadas.

19.2 CÍRCULOS Y ELIPSES

Los círculos y elipses aportan dinamismo y permiten romper la rigidez de las formas rectangulares. Son ideales para destacar elementos, crear iconos, resaltar cifras clave o añadir elementos decorativos que suavicen la composición.

Para insertar un círculo o una elipse, se accede a **Insertar → Formas**, se selecciona la elipse y se arrastra sobre la diapositiva. Si se desea crear un círculo perfecto, se mantiene pulsada la tecla **Shift**.

Los círculos son ideales para iconos, indicadores numéricos, elementos decorativos, destacar cifras clave o crear diagramas circulares personalizados. Las elipses, por su parte, se utilizan para señalar elementos, crear fondos suaves o aportar un diseño más orgánico.

Es importante evitar círculos demasiado pequeños con texto dentro, ya que pueden dificultar la lectura. También es recomendable mantener proporciones equilibradas y utilizar colores suaves para elementos decorativos, reservando los colores intensos para elementos clave.

Los círculos pueden utilizarse para crear indicadores visuales, como números dentro de círculos para enumerar pasos. También pueden servir como base para iconos personalizados, combinando un círculo con una imagen o símbolo. En presentaciones creativas, los círculos pueden utilizarse para crear composiciones dinámicas que rompan la monotonía de las formas rectangulares.

19.3 AUTOFORMAS

Las autoformas son un conjunto de figuras predefinidas que permiten crear diagramas, flechas, bocadillos, estrellas, cintas, símbolos y elementos visuales complejos sin necesidad de diseño externo. PowerPoint incluye una amplia variedad de autoformas que pueden adaptarse a múltiples necesidades.

Entre las autoformas disponibles se encuentran flechas simples y dobles, flechas curvas, formas de diagrama de flujo, estrellas y explosiones, cintas y banners, bocadillos de texto, símbolos matemáticos y formas de proceso.

Para insertar una autoforma, se accede a **Insertar** → **Formas**, se selecciona la autoforma deseada y se dibuja en la diapositiva. Muchas autoformas incluyen controladores amarillos que permiten modificar su geometría, como la curvatura, los ángulos, las puntas de flecha o la profundidad de los bocadillos.

Las autoformas son especialmente útiles para crear diagramas de flujo, procesos empresariales, señalización visual, destacar información o crear iconografía personalizada. Por ejemplo, una flecha curva puede utilizarse para indicar una transición entre dos conceptos, mientras que un bocadillo puede servir para destacar una cita o un comentario.

En el ámbito corporativo, las autoformas permiten crear diagramas de procesos, flujos de trabajo o mapas conceptuales sin necesidad de herramientas externas. En el ámbito educativo, permiten representar conceptos de forma visual, facilitando la comprensión del lector.

Es importante utilizar autoformas con coherencia visual, manteniendo un estilo uniforme en toda la presentación. También es recomendable evitar el uso excesivo de autoformas decorativas que no aporten valor al contenido.

19.4 SOMBRAS Y EFECTOS 3D

Los efectos visuales permiten dar profundidad y realismo a los objetos. Sin embargo, deben utilizarse con moderación para evitar un diseño recargado o poco profesional.

Las sombras pueden aplicarse a formas, imágenes, cuadros de texto e iconos. Existen sombras exteriores, sombras interiores, sombras de perspectiva y sombras suaves. Para aplicar una sombra, se selecciona el objeto, se accede a **Formato** → **Efectos de forma** → **Sombra** y se elige el estilo deseado.

Las sombras suaves son las más recomendables para un estilo moderno y profesional. Las sombras duras o demasiado oscuras pueden resultar agresivas y deben evitarse. Es importante mantener coherencia en toda la presentación, utilizando el mismo tipo de sombra para todos los objetos.

Los efectos 3D permiten aplicar rotación 3D, profundidad, iluminación y materiales (metal, plástico, mate). Estos efectos pueden utilizarse para destacar un elemento clave, crear iconos personalizados o diseñar composiciones creativas. Sin embargo, deben evitarse en presentaciones corporativas formales, cuando distraen del contenido o cuando dificultan la lectura.

19.5 REGLAS Y GUÍAS

Las reglas y guías son herramientas esenciales para lograr precisión en el diseño. Permiten alinear objetos, mantener márgenes coherentes y crear composiciones equilibradas.

Para activar reglas y guías, se accede a **Vista** y se activan las opciones **Regla, Líneas de guía** y **Cuadrícula**.

Las reglas permiten medir distancias, alinear objetos con precisión y mantener márgenes coherentes. Las guías pueden arrastrarse para crear nuevas líneas, duplicarse manteniendo **Ctrl** o eliminarse arrastrándolas fuera de la diapositiva.

PowerPoint permite que los objetos se ajusten automáticamente a la cuadrícula, facilitando la alineación. Esta función es especialmente útil para crear composiciones simétricas o para alinear varios objetos entre sí.

El uso de reglas y guías es fundamental para lograr un diseño profesional. Una diapositiva con objetos desalineados transmite desorden y falta de cuidado. Por el contrario, una diapositiva bien alineada transmite profesionalidad y claridad.

19.6 IMÁGENES

Las imágenes son uno de los recursos más potentes en una presentación. Pueden transmitir emociones, reforzar ideas y mejorar la comprensión. Sin embargo, deben utilizarse con criterio para evitar saturar la diapositiva o distraer al público.

PowerPoint incluye acceso a imágenes prediseñadas, como iconos, ilustraciones, fotografías libres de derechos y pictogramas. Para insertar imágenes prediseñadas, se accede a **Insertar → Imágenes → Imágenes de archivo**, se busca por palabra clave y se inserta la imagen deseada.

Para insertar imágenes propias, se accede a **Insertar → Imágenes → Este dispositivo**, se selecciona la imagen y se inserta en la diapositiva.

Es importante utilizar imágenes de alta calidad, evitar imágenes pixeladas o deformadas, mantener coherencia estética y no abusar de imágenes decorativas sin propósito.

PowerPoint permite ajustar imágenes mediante recorte, estilos, brillo, contraste, filtros y la herramienta de quitar fondo. Estas herramientas permiten adaptar la imagen al diseño de la diapositiva y mejorar su integración visual.

19.7 GRÁFICOS

Los gráficos permiten representar datos de forma visual y comprensible. Son esenciales en presentaciones corporativas, académicas y científicas.

PowerPoint ofrece gráficos de columnas, barras, líneas, sectores (tarta), áreas, dispersión y combinados. Para insertar un gráfico, se accede a **Insertar → Gráfico**, se elige el tipo y se editan los datos en la hoja de Excel integrada.

Es importante utilizar gráficos simples, evitar colores excesivos, destacar solo los datos importantes y mantener coherencia con la identidad corporativa.

Los gráficos deben ser claros, legibles y relevantes. Un gráfico complejo o saturado puede confundir al público. Es recomendable utilizar etiquetas claras, colores contrastados y eliminar elementos innecesarios.

ACTIVIDADES

Actividad 1. Formas y efectos

▶ Inserta un rectángulo, un círculo y una autoforma.

▶ Aplícales sombras suaves.

▶ Añade un efecto 3D a uno de ellos.

▶ Alinea las tres formas usando guías.

Actividad 2. Imágenes y gráficos

▶ Inserta una imagen prediseñada y otra desde archivo.

▶ Recorta una de ellas.

▶ Inserta un gráfico de columnas.

▶ Modifica los datos y cambia el estilo del gráfico.

20

DIAGRAMAS, WORDART, MULTIMEDIA Y FORMATO AVANZADO DE OBJETOS EN POWERPOINT

El diseño de presentaciones profesionales no se limita a insertar texto e imágenes. PowerPoint incorpora un conjunto de herramientas avanzadas que permiten enriquecer la comunicación visual mediante diagramas, organigramas, WordArt, sonidos, vídeos y efectos avanzados de formato. Dominar estas funciones permite crear presentaciones más dinámicas, claras, atractivas y adaptadas a distintos contextos profesionales: formación, comunicación interna, marketing, ventas, dirección, proyectos, etc.

En este capítulo exploraremos en profundidad todas estas herramientas, explicando cómo funcionan, cuándo utilizarlas y qué criterios profesionales deben guiar su aplicación. El objetivo es que el alumno adquiera una visión completa del potencial visual de PowerPoint y pueda aplicarlo con criterio y coherencia.

20.1 DIAGRAMAS

Los diagramas son representaciones visuales que permiten explicar procesos, jerarquías, relaciones, ciclos y estructuras de forma clara y comprensible. PowerPoint ofrece dos grandes vías para crearlos: **SmartArt**, que incluye diagramas predefinidos, y **formas**, que permiten construir diagramas personalizados desde cero.

Los diagramas son esenciales en presentaciones profesionales porque permiten transformar información compleja en representaciones visuales fáciles de entender. Un proceso de cinco pasos puede explicarse con un párrafo largo, pero un diagrama de proceso lo muestra de forma inmediata. Una jerarquía organizativa puede describirse con texto, pero un organigrama la hace evidente de un vistazo.

Los diagramas ayudan a estructurar la información, a destacar relaciones y a guiar la atención del público. Además, permiten mantener la diapositiva limpia y evitar saturarla con texto. Por estas razones, son una herramienta fundamental en cualquier presentación profesional.

Organigramas

Los organigramas representan la estructura jerárquica de una organización. PowerPoint facilita su creación mediante SmartArt, lo que permite generar organigramas completos en pocos minutos.

Para crear un organigrama, se accede a **Insertar → SmartArt**, se selecciona la categoría **Jerarquía** y se elige un estilo. A partir de ahí, basta con insertar los nombres y cargos en el panel de texto. PowerPoint permite añadir subordinados, compañeros o superiores con facilidad, reorganizar niveles, cambiar colores y aplicar estilos visuales.

Un organigrama bien diseñado debe mantener un tamaño uniforme en los cuadros, evitar textos demasiado largos, usar colores corporativos y no saturarse con demasiados niveles. En contextos educativos, los organigramas ayudan a explicar estructuras organizativas, jerarquías de contenido o relaciones entre conceptos. En contextos corporativos, son esenciales para presentar equipos, departamentos o estructuras de mando.

Diferentes estilos de diagramas

SmartArt incluye múltiples categorías que permiten representar distintos tipos de información:

▸ **Procesos**, que representan pasos secuenciales y son útiles para procedimientos, fases de un proyecto o instrucciones.

▸ **Ciclos**, que representan procesos circulares o repetitivos, como la mejora continua o los ciclos de vida.

▸ **Jerarquías**, que permiten representar estructuras de decisión, clasificaciones o árboles conceptuales.

▸ **Relaciones**, que representan conexiones entre elementos, comparaciones o interdependencias.

▸ **Matrices**, que organizan información en cuadrantes y son útiles para análisis DAFO, matrices de riesgo o clasificaciones estratégicas.

▸ **Pirámides**, que representan niveles de importancia, prioridades o jerarquías de valor.

Cada tipo de diagrama tiene un propósito específico y debe elegirse en función del contenido. Un error común es utilizar un diagrama atractivo pero inadecuado para la información que se quiere transmitir. El diseño debe estar al servicio del contenido, no al revés.

20.2 WORDART O TEXTO ARTÍSTICO

WordArt permite aplicar estilos decorativos al texto, creando títulos llamativos o elementos visuales destacados. Aunque debe usarse con moderación, es útil para presentaciones creativas o diapositivas de impacto.

WordArt ofrece estilos predefinidos que incluyen colores, degradados, contornos, sombras y efectos 3D. Para insertarlo, se accede a **Insertar → WordArt**, se elige un estilo y se escribe el texto deseado.

Una vez insertado, PowerPoint permite modificar el WordArt cambiando colores, aplicando degradados, modificando contornos, aplicando sombras, efectos 3D o ajustando la forma del texto (arcos, ondas, etc.).

WordArt es adecuado para títulos de secciones, diapositivas de apertura, mensajes clave o presentaciones creativas. Sin embargo, debe evitarse en presentaciones corporativas formales, informes técnicos o presentaciones con estilo minimalista.

El uso excesivo de WordArt puede dar una imagen poco profesional. La clave es utilizarlo como un recurso puntual para destacar elementos importantes, no como un estilo general para toda la presentación.

20.3 INSERCIÓN DE SONIDOS Y PELÍCULAS

PowerPoint permite integrar contenido multimedia para enriquecer la presentación. El uso de sonidos y vídeos puede mejorar la atención del público, ilustrar conceptos complejos o añadir dinamismo. Sin embargo, deben utilizarse con criterio para evitar distracciones o problemas técnicos.

Sonidos

Los sonidos pueden insertarse desde un archivo o grabarse directamente desde PowerPoint. Para insertar un sonido desde archivo, se accede a **Insertar → Audio → Audio en mi PC**, se selecciona el archivo y se inserta en la diapositiva. Para grabar audio, se accede a **Insertar → Audio → Grabar audio**, se graba y se guarda.

PowerPoint permite configurar la reproducción del sonido: reproducir automáticamente, al hacer clic, en todas las diapositivas o incluso ocultar el icono durante la presentación.

Los sonidos deben utilizarse con moderación. Un sonido mal elegido o demasiado fuerte puede distraer al público. Es recomendable utilizar sonidos suaves, breves y relacionados con el contenido.

Vídeos

Los vídeos pueden insertarse desde archivo o desde YouTube u otras plataformas online. Para insertar un vídeo desde archivo, se accede a **Insertar → Vídeo → Este dispositivo**. Para insertar un vídeo online, se accede a **Insertar → Vídeo → Vídeo en línea** y se pega el enlace.

PowerPoint permite recortar vídeos, ajustar el volumen, configurar la reproducción automática, repetir hasta detener o insertar marcos y estilos.

Los vídeos deben ser cortos, relevantes y de buena calidad. Es importante comprobar la compatibilidad antes de presentar y evitar archivos pesados que puedan ralentizar la presentación.

El uso de multimedia puede mejorar la presentación, pero debe integrarse de forma coherente con el contenido. Un vídeo no debe sustituir al presentador, sino complementar su discurso.

20.4 FORMATO DE OBJETOS

El formato de objetos permite personalizar la apariencia de formas, cuadros de texto, imágenes y otros elementos. PowerPoint ofrece opciones avanzadas de relleno, líneas y efectos que permiten crear diseños profesionales y coherentes.

Rellenos

Los rellenos determinan el color interior de un objeto. PowerPoint ofrece rellenos sólidos, degradados, con imagen, con textura o con patrón.

Los rellenos sólidos son los más utilizados en presentaciones profesionales. Los degradados pueden aportar profundidad, pero deben utilizarse con moderación. Los rellenos con imagen o textura pueden ser útiles en presentaciones creativas, pero deben ser discretos para no distraer.

Es recomendable utilizar colores corporativos, evitar degradados excesivos y mantener contraste con el texto.

Líneas

Las líneas definen el contorno de un objeto. PowerPoint permite modificar el grosor, color, estilo (continuo, punteado), transparencia y añadir flechas.

Las líneas son útiles para separar secciones, destacar elementos o crear diagramas. Es importante mantener coherencia en el estilo de las líneas en toda la presentación.

Efectos de sombra y 3D

Los efectos avanzados permiten dar profundidad y estilo. Las sombras pueden ser suaves, exteriores o interiores. Los efectos 3D incluyen rotación, profundidad, materiales e iluminación.

Estos efectos deben utilizarse con moderación. Un exceso de efectos puede dar una imagen poco profesional. La clave es utilizar efectos sutiles y coherentes.

ACTIVIDADES

Actividad 1. Diagramas y WordArt

- Inserta un organigrama con tres niveles.
- Cambia el estilo del diagrama.
- Inserta un título con WordArt.
- Aplica un efecto de sombra al texto.

Actividad 2. Multimedia y formato avanzado

- Inserta un vídeo corto en una diapositiva.
- Inserta un sonido que se reproduzca al hacer clic.
- Crea una forma con relleno degradado.
- Añade un efecto 3D a una autoforma.
- Inserta una línea y cambia su grosor y color.

21

DOCUMENTACIÓN DE LA PRESENTACIÓN EN POWERPOINT

Una presentación eficaz no se construye únicamente con las diapositivas que se proyectan ante el público. Detrás de cada exposición existe un proceso de preparación, revisión y organización que permite al presentador comunicar con claridad, seguridad y coherencia. PowerPoint incorpora herramientas diseñadas específicamente para este trabajo "invisible", que no forma parte del contenido final, pero sí del proceso profesional de creación: **los comentarios** y **las notas del orador**. Ambas funciones constituyen la **documentación interna** de la presentación y resultan esenciales tanto en entornos educativos como en contextos corporativos, formativos y colaborativos.

Este capítulo profundiza en el uso de estas herramientas, explicando no solo cómo funcionan, sino también por qué son importantes, cuándo utilizarlas y cómo integrarlas en el proceso de diseño y exposición. El objetivo es que el alumno comprenda su valor y pueda aplicarlas de manera eficaz en cualquier tipo de presentación.

21.1 INSERCIÓN DE COMENTARIOS

Los comentarios son anotaciones que se añaden a una diapositiva sin modificar su contenido visual. Funcionan como pequeñas notas de revisión que ayudan a mejorar la presentación antes de su entrega o exposición. Son especialmente útiles cuando varias personas trabajan en el mismo archivo o cuando el autor necesita registrar ideas, dudas o recordatorios durante el proceso de creación.

Los comentarios aparecen en un panel lateral y no se muestran durante la presentación, por lo que no interfieren con el diseño ni con la experiencia del público. Esta característica los convierte en una herramienta ideal para el trabajo interno, la revisión colaborativa y la planificación.

Los comentarios permiten señalar aspectos a mejorar, sugerir cambios, pedir aclaraciones o registrar ideas pendientes. Son ideales para procesos de revisión entre compañeros, profesores y alumnos, o equipos de trabajo. Por ejemplo, un profesor puede añadir comentarios indicando que un gráfico necesita mayor contraste, que una diapositiva está demasiado cargada o que falta una referencia. Del mismo modo, un alumno puede utilizar los comentarios para recordar que debe añadir una imagen, revisar una cifra o mejorar la redacción de un texto.

Para añadir un comentario, basta con seleccionar la diapositiva o el objeto sobre el que se quiere comentar y acceder a la pestaña **Revisar**. Al hacer clic en **Nuevo comentario**, aparece un cuadro donde escribir la observación. Los comentarios pueden responderse, editarse, marcarse como resueltos o eliminarse, lo que facilita un seguimiento ordenado del proceso de revisión.

Esta capacidad de respuesta convierte los comentarios en una herramienta de comunicación interna muy eficaz. En un proyecto colaborativo, varios miembros del equipo pueden intercambiar comentarios, responder a dudas, justificar decisiones de diseño o acordar cambios. Cada comentario queda registrado con el nombre del autor, lo que permite identificar quién hizo cada aportación.

Los comentarios son importantes porque permiten mejorar la presentación sin modificar su contenido. Facilitan el trabajo colaborativo, ayudan al alumno a comprender qué debe corregir, permiten al docente dar retroalimentación precisa y sirven como recordatorios personales durante la creación. Además, permiten mantener un registro del proceso de revisión, lo que resulta útil en proyectos complejos o en presentaciones que requieren aprobación formal.

En definitiva, los comentarios convierten a PowerPoint en una herramienta de comunicación interna tan importante como la propia presentación final. Son un recurso imprescindible para quienes desean trabajar de manera profesional, organizada y colaborativa.

21.2 PREPARACIÓN DE LAS NOTAS DEL ORADOR

Las notas del orador son un recurso fundamental para preparar una exposición oral. A diferencia de los comentarios, las notas están pensadas para el presentador, no para revisores o colaboradores. Se escriben en un panel situado debajo de cada diapositiva y sirven como guion personal durante la presentación.

Estas notas no se muestran al público, pero sí aparecen en la **Vista del presentador**, lo que permite hablar con seguridad sin necesidad de memorizar todo el contenido. Son especialmente útiles para presentadores que desean mantener un discurso fluido, organizado y coherente, sin saturar las diapositivas con texto.

Las notas del orador son textos que acompañan a cada diapositiva y que contienen información adicional que el presentador necesita recordar: explicaciones ampliadas, ejemplos, cifras, preguntas para la audiencia, recordatorios de ritmo, indicaciones técnicas, etc. Por ejemplo, una diapositiva puede mostrar solo un título y una imagen, mientras que las notas incluyen la explicación completa que el presentador debe desarrollar oralmente.

Para añadir notas, en la parte inferior de la ventana de PowerPoint aparece el panel **"Haga clic para agregar notas"**. Si no está visible, puede activarse desde la pestaña **Vista**, seleccionando **Notas**. Allí se escribe el contenido que servirá como apoyo durante la exposición.

Las notas del orador pueden incluir explicaciones que no deben aparecer en la diapositiva, datos ampliados o ejemplos prácticos, recordatorios para el presentador (pausas, énfasis, transiciones), preguntas para interactuar con el público o indicaciones técnicas (mostrar un vídeo, cambiar de diapositiva, etc.).

Es importante seguir algunas recomendaciones al redactar las notas. En primer lugar, es recomendable utilizar frases breves y claras, que puedan leerse rápidamente durante la exposición. En segundo lugar, es importante evitar copiar el texto de la diapositiva, ya que las notas deben complementar el contenido, no duplicarlo. En tercer lugar, es útil organizar las ideas en viñetas para facilitar la lectura rápida. En cuarto lugar, es necesario revisar las notas antes de presentar para asegurar coherencia y evitar errores. Por último, es importante no depender exclusivamente de ellas: deben ser un apoyo, no un guion rígido.

Durante la presentación, en la **Vista del presentador**, las notas aparecen en una columna lateral junto a la diapositiva actual y la siguiente. Esto permite mantener el control de la exposición, anticipar lo que viene después y hablar con naturalidad. El presentador puede ver sus notas sin que el público les vea, lo que facilita una comunicación fluida y segura.

Las notas del orador son una herramienta imprescindible para cualquier presentador profesional. Permiten preparar un discurso sólido, evitar olvidos y mantener una comunicación fluida y segura. Son especialmente útiles en presentaciones largas, complejas o técnicas, donde es fácil olvidar detalles importantes. También son una herramienta valiosa para estudiantes que deben exponer trabajos académicos, ya que les permiten organizar su discurso y reducir la ansiedad.

En resumen, las notas del orador son un recurso esencial para preparar y ejecutar una presentación de manera profesional. Ayudan al presentador a estructurar su discurso, recordar información clave y mantener un ritmo adecuado durante la exposición.

ACTIVIDADES

Actividad 1. Comentarios de revisión

Crea una presentación de tres diapositivas y añade un comentario en cada una indicando una mejora posible. Después, responde a uno de tus propios comentarios como si fueras un revisor externo.

Actividad 2. Elaboración de notas del orador

Selecciona una diapositiva de una presentación existente y redacta unas notas del orador completas, incluyendo explicación ampliada, ejemplo práctico y un recordatorio para la exposición.

22

DISEÑOS Y ESTILOS DE PRESENTACIÓN EN POWERPOINT

El diseño visual de una presentación es un elemento fundamental para comunicar con claridad, captar la atención del público y transmitir profesionalidad. Aunque el contenido es esencial, la forma en que se presenta influye directamente en la comprensión del mensaje. Una diapositiva bien diseñada puede reforzar una idea, mientras que una diapositiva desordenada o con un estilo inadecuado puede generar confusión o distraer al público. PowerPoint ofrece un conjunto de herramientas que permiten aplicar estilos completos, gestionar combinaciones de colores, personalizar fondos y utilizar patrones para crear presentaciones visualmente coherentes y atractivas. Estas herramientas no solo facilitan el trabajo del usuario, sino que también garantizan que la presentación mantenga una identidad visual uniforme desde la primera diapositiva hasta la última.

En este capítulo se profundiza en el uso de plantillas de estilos, la selección adecuada de colores, la aplicación de fondos y el empleo de patrones.

22.1 USO DE PLANTILLAS DE ESTILOS

Las plantillas de estilos son uno de los recursos más potentes de PowerPoint. Se trata de diseños predefinidos que incluyen combinaciones de colores, tipografías, fondos, distribuciones y estilos gráficos. Funcionan como un "traje completo" para la presentación, permitiendo que todas las diapositivas compartan una estética uniforme sin necesidad de diseñarlas una por una. Cuando se aplica una plantilla, PowerPoint ajusta automáticamente los títulos, los textos, los colores de las formas, los gráficos, los fondos y otros elementos visuales. Esto no solo ahorra tiempo, sino que garantiza una coherencia visual que sería difícil de lograr manualmente.

Las plantillas son especialmente útiles para usuarios principiantes o para quienes necesitan crear una presentación profesional en poco tiempo. En lugar de preocuparse por elegir colores, tipografías o distribuciones, el usuario puede centrarse en el contenido, sabiendo que la plantilla se encargará del diseño. Además, las plantillas están diseñadas por profesionales, lo que asegura que cumplen criterios de legibilidad, equilibrio visual y armonía cromática.

PowerPoint ofrece una amplia galería de plantillas accesible desde la pestaña **Diseño**. Al seleccionar una plantilla, esta se aplica a todas las diapositivas de la presentación. Sin embargo, es posible personalizarla posteriormente sin perder la estructura base. Por ejemplo, se pueden modificar los colores, cambiar la tipografía o ajustar el fondo, manteniendo la coherencia general del estilo.

Las plantillas también son útiles en contextos educativos. Los alumnos pueden utilizarlas para centrarse en el contenido sin preocuparse por el diseño desde el inicio. Una vez que dominan los conceptos básicos, pueden personalizar la plantilla para adaptarla a sus necesidades o para desarrollar su propio estilo visual.

En entornos corporativos, las plantillas permiten mantener la identidad visual de la empresa. Muchas organizaciones crean plantillas personalizadas con sus colores corporativos, logotipos y tipografías oficiales. Esto garantiza que todas las presentaciones internas y externas mantengan una imagen coherente y profesional.

El uso de plantillas también facilita el trabajo colaborativo. Cuando varias personas trabajan en la misma presentación, la plantilla asegura que todas las diapositivas sigan el mismo estilo, evitando inconsistencias visuales. En resumen, las plantillas de estilos son una herramienta esencial para cualquier usuario de PowerPoint, ya que permiten crear presentaciones profesionales de forma rápida, coherente y eficiente.

22.2 COMBINACIÓN DE COLORES

El color es uno de los elementos más influyentes en el diseño visual. Una buena combinación de colores puede mejorar la legibilidad, destacar información clave y transmitir sensaciones específicas. Por el contrario, una mala elección de colores puede dificultar la lectura, generar confusión o transmitir una imagen poco profesional.

PowerPoint ofrece paletas de colores predefinidas que se integran con las plantillas de estilos. Estas paletas están diseñadas para garantizar armonía visual y contraste adecuado entre los elementos. Sin embargo, también es posible personalizar la combinación de colores para adaptarla a las necesidades del usuario o a la identidad visual de una organización.

La combinación de colores es importante por varias razones. En primer lugar, afecta a la claridad del contenido. Un texto oscuro sobre un fondo claro es más fácil de leer que un texto claro sobre un fondo claro o un texto oscuro sobre un fondo oscuro. El contraste es fundamental para garantizar la legibilidad, especialmente en salas grandes o con iluminación variable.

En segundo lugar, los colores influyen en la percepción emocional del público. Los colores cálidos (rojos, naranjas, amarillos) transmiten energía y dinamismo, mientras que los colores fríos (azules, verdes, violetas) transmiten calma y profesionalidad. Los colores neutros (grises, blancos, negros) aportan elegancia y sobriedad. Elegir la paleta adecuada permite reforzar el mensaje de la presentación. Por ejemplo, una presentación sobre sostenibilidad puede utilizar tonos verdes y azules, mientras que una presentación corporativa puede utilizar los colores institucionales de la empresa.

En tercer lugar, los colores ayudan a destacar elementos importantes. Utilizar un color diferente para resaltar un dato clave, un título o un gráfico permite guiar la atención del público y facilitar la comprensión del mensaje.

PowerPoint permite seleccionar diferentes combinaciones de color dentro de un mismo estilo desde la pestaña **Diseño → Variantes**. Estas combinaciones están diseñadas para funcionar bien con la plantilla seleccionada, garantizando coherencia visual.

Sin embargo, es importante seguir algunas recomendaciones al elegir colores. Es aconsejable evitar colores demasiado saturados o estridentes, ya que pueden resultar molestos para el público. También es importante mantener un contraste adecuado entre el texto y el fondo para garantizar la legibilidad. Además, es recomendable utilizar colores corporativos cuando sea necesario, especialmente en presentaciones institucionales. Por último, es importante no mezclar demasiados colores en una misma diapositiva, ya que esto puede generar confusión visual.

Una buena combinación de colores no solo embellece la presentación, sino que facilita la comprensión del mensaje y mejora la experiencia del público.

22.3 FONDOS DE DIAPOSITIVAS

El fondo de una diapositiva es la base visual sobre la que se construye todo el contenido. Un fondo adecuado puede reforzar el mensaje, mientras que un fondo inadecuado puede distraer o dificultar la lectura. PowerPoint permite aplicar fondos sólidos, degradados, texturas, imágenes o patrones, y ofrece opciones para aplicarlos a una sola diapositiva o a toda la presentación.

Los fondos sólidos son los más simples y profesionales. Un fondo blanco, gris claro o azul suave puede proporcionar una base neutra que no compite con el contenido. Los fondos degradados aportan profundidad y dinamismo, pero deben utilizarse con moderación para evitar distracciones. Las imágenes pueden ser útiles si se utilizan con cuidado. Una imagen de fondo debe ser discreta y no interferir con el texto. Es recomendable utilizar imágenes con baja saturación o aplicar transparencia para suavizarlas. Las texturas pueden dar un toque visual distintivo, pero deben ser sutiles para no saturar la diapositiva. Los patrones, que se analizan en la siguiente sección, pueden utilizarse como fondo suave detrás de gráficos o tablas.

Para aplicar un fondo, se utiliza la opción **Diseño → Formato del fondo**. Desde allí es posible seleccionar el tipo de fondo, ajustar su transparencia y decidir si se aplica solo a la diapositiva actual o a todas.

Es importante seguir algunas Recomendaciones elegir un fondo. En primer lugar, el fondo debe ser discreto para no competir con el texto. Un fondo demasiado llamativo puede distraer al público y dificultar la lectura. En segundo lugar, es recomendable evitar imágenes demasiado detalladas, ya que pueden interferir con el contenido. En tercer lugar, es importante mantener un contraste adecuado entre el fondo y el texto. Un fondo claro requiere texto oscuro y viceversa. Por último, es fundamental mantener coherencia en toda la presentación. Cambiar el fondo en cada diapositiva puede generar confusión visual.

El fondo debe acompañar al contenido, no dominarlo. Un fondo bien elegido puede mejorar la presentación, mientras que un fondo inadecuado puede arruinarla.

22.4 PATRONES

Los patrones son diseños repetitivos que se aplican como fondo o como parte del estilo general de la presentación. Aunque se utilizan menos que los fondos sólidos o degradados, pueden ser útiles en presentaciones creativas o temáticas. Un patrón bien elegido aporta textura y personalidad sin saturar la diapositiva.

Los patrones son composiciones de líneas, puntos o formas que se repiten de manera uniforme. PowerPoint permite seleccionar patrones predefinidos o crear combinaciones personalizadas. Los patrones pueden utilizarse en presentaciones creativas o informales, para diferenciar secciones temáticas, como fondo suave detrás de gráficos o tablas, o para reforzar un estilo visual concreto.

Sin embargo, es importante seguir algunas recomendaciones al utilizar patrones. Es aconsejable usar patrones discretos para no distraer al público. También es importante evitar patrones muy densos detrás del texto, ya que pueden dificultar la lectura. Es recomendable mantener coherencia con la paleta de colores de la presentación. Por último, es útil probar diferentes niveles de transparencia para suavizar el patrón y evitar que compita con el contenido.

Los patrones son una herramienta visual interesante, siempre que se utilicen con equilibrio y criterio. Pueden aportar personalidad y estilo a la presentación, pero deben utilizarse con moderación para evitar saturar la diapositiva.

ACTIVIDADES

Actividad 1. Aplicación de un estilo completo

Selecciona una plantilla de PowerPoint y personalízala cambiando la combinación de colores. Explica por qué esa combinación mejora la presentación.

Actividad 2. Diseño de fondo profesional

Crea una diapositiva con un fondo personalizado (sólido, degradado o imagen). Justifica por qué ese fondo es adecuado para el contenido.

23

IMPRESIÓN DE DIAPOSITIVAS EN DIFERENTES SOPORTES

La impresión de una presentación es una fase que muchos usuarios pasan por alto, pero que sigue siendo esencial en entornos profesionales, educativos y corporativos. Aunque la mayoría de presentaciones se proyectan en pantallas digitales, todavía es habitual que se necesiten copias impresas para reuniones, clases, conferencias, auditorías, documentación interna o material de apoyo para el público.

PowerPoint ofrece un conjunto muy completo de herramientas para adaptar la presentación a distintos soportes físicos, garantizando que el contenido se vea correctamente y que el documento impreso cumpla su función comunicativa. Imprimir no consiste simplemente en pulsar un botón: requiere comprender cómo funciona la configuración de página, cómo se gestionan los encabezados y pies, qué formatos de impresión existen y qué opciones avanzadas permiten optimizar el resultado final.

Este capítulo desarrolla cada uno de estos aspectos con detalle, explicando no solo cómo se utilizan, sino también por qué son importantes y en qué situaciones conviene aplicarlos.

Configuración de la página

Antes de imprimir, es imprescindible revisar la configuración de página. Este ajuste determina el tamaño, la orientación y la proporción de las diapositivas en el papel. Aunque en pantalla todas las presentaciones parecen iguales, al imprimirlas pueden surgir problemas si estos parámetros no se ajustan correctamente: textos cortados, imágenes deformadas, márgenes incorrectos o diapositivas que no encajan en el papel.

Cómo llegar hasta el menú

- Ve a la **cinta superior**.
- Entra en la pestaña **Diseño**.
- Busca el grupo llamado **Personalizar** (está a la derecha).
- Haz clic en **Tamaño de diapositiva**.
- Selecciona **Personalizar tamaño de diapositiva...**

Se abrirá la ventana donde puedes ajustar:

- Tamaño del papel (A4, Carta, 16:9, 4:3, personalizado).
- Orientación (horizontal o vertical).
- Escalado del contenido.

Relación de aspecto y tamaño

La relación de aspecto define la proporción entre el ancho y el alto de la diapositiva. Los formatos más habituales son **16:9**, ideal para pantallas modernas, y **4:3**, más adecuados para impresiones tradicionales o proyectores antiguos. Sin embargo, estos tamaños digitales no siempre coinciden con los formatos físicos del papel, como **A4** o **Carta**, lo que puede generar espacios en blanco o recortes inesperados.

Cuando se necesita imprimir documentos formales, informes o material académico, suele ser recomendable configurar la diapositiva directamente en tamaño A4 o Carta. Para pósteres, carteles o material promocional, PowerPoint permite crear tamaños personalizados.

Orientación de la diapositiva

La orientación también influye en el resultado final:

- **Horizontal**: la más habitual para presentaciones estándar.
- **Vertical**: útil para informes, carteles, fichas o documentos que se leen como páginas.

Errores comunes al configurar la página

Muchos problemas de impresión provienen de errores simples:

▶ Cambiar el tamaño de la diapositiva al final del diseño, lo que deforma objetos.

▶ No revisar la vista previa antes de imprimir.

▶ Usar un tamaño incompatible con la impresora.

▶ Ignorar los márgenes físicos del papel, dejando contenido demasiado cerca del borde.

Encabezados, pies y numeración

Los encabezados y pies de página son elementos que se añaden a las diapositivas impresas para proporcionar información adicional. Aunque no suelen mostrarse en la presentación proyectada, sí aparecen en los documentos impresos, lo que los convierte en una herramienta muy útil para organizar y contextualizar el material.

Encabezados

El encabezado aparece en la parte superior de la página impresa. Suele incluir:

▶ Nombre de la empresa.

▶ Título del curso o presentación.

▶ Sección o módulo.

▶ Información institucional.

Su función principal es facilitar la identificación rápida del documento, especialmente cuando se reparte entre varias personas.

Pies de página

El pie de página aparece en la parte inferior e incluye información como:

▶ Fecha.

▶ Autor.

▶ Departamento.

▶ Avisos legales o de confidencialidad.

En entornos corporativos, los pies de página son esenciales para el control documental.

Numeración de diapositivas

La numeración facilita la referencia durante reuniones, clases o auditorías. También evita confusiones cuando se reparten documentos extensos.

Cuándo usar encabezados y pies

Son especialmente útiles en:

▼ Presentaciones académicas.

▼ Reuniones con documentos impresos.

▼ Informes corporativos.

Material archivado o distribuido al público.

Errores comunes

▼ Encabezados demasiado largos que distraen.

▼ Información irrelevante que satura el documento.

▼ Numeración incorrecta o ausente.

▼ Aplicar encabezados solo a algunas diapositivas, generando inconsistencias.

Configuración de los distintos formatos de impresión

PowerPoint ofrece varios formatos de impresión que permiten adaptar la presentación a diferentes necesidades. No siempre es necesario imprimir una diapositiva por página; en muchos casos es más eficiente imprimir resúmenes, esquemas o documentos para el público.

Formatos principales

▼ **Diapositivas completas**: una diapositiva por página. Ideal para pósteres, carteles o documentos visuales.

▼ **Esquema**: solo texto, sin diseño. Perfecto para estudiar, revisar contenido o preparar guiones.

▼ **Página de notas**: combina la diapositiva con las notas del orador. Muy útil para docentes y presentadores.

▼ **Documentos para el público (handouts)**: permiten imprimir entre 2 y 9 diapositivas por página. Son ideales para clases, reuniones y resúmenes.

Cómo elegir el formato adecuado

▼ Si necesitas mostrar imágenes grandes → Diapositiva completa.

▼ Si quieres revisar contenido textual → Esquema.

▼ Si preparas un discurso o clase → Página de notas.

▼ Si entregarás material al público → Handouts.

Errores comunes

▶ Imprimir diapositivas completas cuando no es necesario, gastando papel.

▶ No incluir notas del orador cuando son esenciales.

▶ Elegir demasiadas diapositivas por página, volviendo el texto ilegible.

▶ No revisar la vista previa antes de imprimir.

Opciones de impresión

Una vez elegido el formato, PowerPoint ofrece opciones adicionales que determinan cómo se imprimirá el documento final.

Color, escala de grises y blanco y negro

▶ **Color**: para gráficos, imágenes o presentaciones visuales.

▶ **Escala de grises**: ahorro de tinta manteniendo legibilidad.

▶ **Blanco y negro**: útil para impresoras básicas o documentos internos.

Opciones avanzadas

▶ **Imprimir diapositivas ocultas**: útil cuando se quiere entregar material completo aunque no se proyecte todo.

▶ **Ajustar al papel**: evita recortes o bordes irregulares.

▶ **Impresión a una o doble cara**: ideal para documentos extensos.

▶ **Ajuste de márgenes y orientación**: garantiza que el contenido encaje correctamente en el papel.

Importancia de la vista previa

La vista previa es el último filtro antes de imprimir. Permite detectar:

▶ Errores de diseño.

▶ Problemas de numeración.

▶ Contrastes insuficientes.

▶ Márgenes incorrectos.

Errores comunes

▶ No revisar la vista previa.

▶ Imprimir en color sin necesidad.

▶ No ajustar al papel, provocando contenido cortado.

▶ Elegir orientación incorrecta.

ACTIVIDADES

Actividad 1. Configuración completa de impresión

Configura una presentación para imprimirla en formato "Documentos para el público" con 3 diapositivas por página. Añade encabezado, pie y numeración. Explica por qué este formato es útil en un entorno educativo.

Actividad 2. Preparación de material profesional

Configura una presentación para imprimirla como "Página de notas". Añade información relevante en las notas del orador y justifica cómo este formato ayuda al presentador.

24

PRESENTACIÓN DE DIAPOSITIVAS SEGÚN EL LUGAR Y LA INFRAESTRUCTURA

Una presentación no depende únicamente del contenido que aparece en pantalla. Su eficacia está profundamente condicionada por el lugar donde se proyecta, la infraestructura disponible, el tipo de público y la forma en que el presentador interactúa con las diapositivas. PowerPoint 365 incorpora herramientas que permiten adaptar la presentación a distintos entornos: auditorios grandes, aulas pequeñas, videoconferencias, salas con proyectores antiguos, pantallas panorámicas o incluso presentaciones automáticas sin orador.

Este capítulo explica cómo preparar una presentación teniendo en cuenta el contexto, cómo utilizar animaciones y transiciones de forma profesional, cómo controlar los intervalos de tiempo y cómo configurar la presentación para distintos escenarios, incluyendo la presentación con orador.

24.1 PRESENTACIÓN DE DIAPOSITIVAS SEGÚN EL LUGAR Y LA INFRAESTRUCTURA

Antes de presentar, es imprescindible analizar el entorno donde se proyectará la presentación. El tamaño del texto, los colores, la cantidad de información por diapositiva y el ritmo de avance deben adaptarse al espacio físico y al equipo disponible.

Cómo adaptar la presentación según el tipo de espacio

A continuación se incluyen solo las tablas estrictamente necesarias:

Entorno	Características	Recomendaciones
Salas grandes o auditorios	El público está lejos de la pantalla.	Texto grande, alto contraste, pocas ideas por diapositiva.
Aulas pequeñas o salas de reuniones	Distancia corta entre público y pantalla.	Más contenido por diapositiva, diseño limpio, tipografías claras.
Videoconferencias	Pantallas pequeñas o medianas.	Fondos simples, tipografías muy legibles, animaciones mínimas.
Proyectores antiguos	Colores apagados o distorsionados.	Evitar degradados, usar colores sólidos y contraste alto.
Pantallas panorámicas o LED	Formatos amplios y modernos.	Usar 16:9 o 21:9, aprovechar el espacio horizontal.

24.2 ANIMACIÓN DE ELEMENTOS

Las animaciones controlan cómo aparecen, desaparecen o se mueven los objetos dentro de una diapositiva. Bien utilizadas, guían la atención del público; mal utilizadas, distraen y restan profesionalidad.

Cómo acceder a las animaciones

▶ Ve a la pestaña **Animaciones** en la cinta superior.

▶ Selecciona el objeto que quieres animar.

▶ Elige un efecto de **Entrada**, **Énfasis**, **Salida** o **Trayectoria**.

▶ Abre el **Panel de animación** para controlar el orden y la duración.

Qué aportan las animaciones

▶ **Revelación progresiva:** mostrar información paso a paso.

▶ **Destacar elementos:** resaltar ideas clave.

▶ **Explicar procesos:** visualizar secuencias o flujos.

▶ **Mantener atención:** introducir dinamismo sin saturar.

Errores comunes

▶ Animaciones llamativas sin justificación.

▶ Demasiados elementos animados.

▶ Velocidades lentas que rompen el ritmo.

▶ No probar la animación en el equipo real.

24.3 TRANSICIÓN DE DIAPOSITIVAS

Las transiciones determinan cómo se pasa de una diapositiva a otra y marcan el ritmo general de la presentación.

Cómo acceder a las transiciones

� Abre la pestaña **Transiciones**.

▸ Selecciona una diapositiva.

▸ Elige un efecto y ajusta su duración.

Usa **Aplicar a todas** solo si quieres un estilo uniforme.

Transiciones recomendadas

▸ **Desvanecer:** profesional, discreta y fluida.

▸ **Corte:** limpia y directa.

Cuándo usar transiciones elaboradas

▸ Presentaciones creativas o infantiles.

▸ Eventos donde el diseño es protagonista.

▸ Vídeos generados a partir de presentaciones.

Errores comunes

▸ Usar una transición distinta en cada diapositiva.

▸ Elegir transiciones lentas.

▸ No probarlas en el equipo del evento.

24.4 INTERVALOS DE TIEMPO

Los intervalos controlan cuánto dura cada diapositiva en pantalla. Son esenciales en presentaciones automáticas o sin orador.

Cómo acceder a los intervalos

▸ Ve a la pestaña **Presentación con diapositivas**.

▸ Selecciona **Ensayar intervalos**.

PowerPoint registrará el tiempo dedicado a cada diapositiva.

Guarda los intervalos para que la presentación avance sola.

```
🔊 Sonido:  [Sin sonido]  ⌄  │ Avanzar a la diapositiva
🕐 Duración:  02,00    ⌄   │ ☑ Al hacer clic con el mouse
🗐 Aplicar a todas          │ ☐ Después de:  00:00,00 ⌄
                     Intervalos
```

Cuándo usarlos

- ⚑ Ferias o stands.
- ⚑ Pantallas informativas.
- ⚑ Vídeos generados desde PowerPoint.
- ⚑ Presentaciones sin orador.

Ventajas

- ⚑ Control del ritmo.
- ⚑ Preparación profesional.
- ⚑ Automatización total.

Errores comunes

- ⚑ Intervalos demasiado rápidos o lentos.
- ⚑ No revisar el tiempo total de la presentación.

24.5 CONFIGURACIÓN DE LA PRESENTACIÓN

La configuración determina cómo se comportará PowerPoint durante la proyección.

Cómo acceder a la configuración

- ⚑ Ve a **Presentación con diapositivas**.
- ⚑ Haz clic en **Configurar presentación**.
- ⚑ Selecciona el modo de reproducción y las opciones avanzadas.

Modos de presentación

Modo	Uso recomendado
Pantalla completa	Presentaciones presenciales.
Ventana	Videoconferencias.
Monitor secundario	Eventos con proyector y Vista del presentador.

Opciones de reproducción

- **Automática:** avanza con intervalos.
- **Manual:** avanza con clics.
- **Repetición continua:** ideal para ferias.

Vista del presentador

Incluye:

- Notas del orador.
- Diapositiva actual.
- Diapositiva siguiente.
- Temporizador.

Errores comunes

- Monitor mal co´nfigurado.
- Notificaciones activas.
- No probar sonido o vídeos.

24.6 PRESENTACIÓN CON ORADOR

La presentación con orador es el formato más habitual en conferencias, clases y reuniones. El orador es el protagonista; las diapositivas son apoyo visual.

El papel del orador

- Mantener contacto visual.
- Usar diapositivas como apoyo, no como guion.
- No leer el texto.

Uso de las notas del orador

- Ve a **Vista → Página de notas**.
- Escribe recordatorios, ejemplos o cifras.
- Activa **Vista del presentador** para verlas solo tú.

Control de la presentación

- **Mando inalámbrico:** libertad de movimiento.
- **Teclas o clics:** control directo.

Errores comunes

⚐ Leer diapositivas.

⚐ Saturar con texto.

⚐ No ensayar.

⚐ Abusar de animaciones.

ACTIVIDADES

Actividad 1. Adaptación al entorno

Elige un lugar real (aula, auditorio, sala pequeña o videoconferencia) y describe cómo adaptarías una presentación para ese entorno: tamaño del texto, colores, animaciones y ritmo.

Actividad 2. Diseño de animaciones y transiciones

Crea una diapositiva con tres elementos y aplica animaciones profesionales. Añade una transición discreta y explica por qué esa combinación es adecuada.

25

PRESENTACIÓN EN EXPOSICIÓN, PERSONALIZACIÓN Y CONFIGURACIÓN TÉCNICA EN POWERPOINT

Una presentación no termina cuando se diseña la última diapositiva. La fase de **exposición** es tan importante como la fase de diseño, y requiere dominar herramientas específicas de PowerPoint que permiten adaptar la presentación al público, al entorno físico, al equipo técnico disponible y al estilo del presentador. Este capítulo aborda todos los aspectos relacionados con la **ejecución profesional de una presentación**, desde la creación de presentaciones personalizadas hasta la conexión a un proyector, el ensayo y la proyección final.

El objetivo es que el alumno pueda desenvolverse con seguridad en cualquier contexto de exposición, ya sea una sala de reuniones, un aula, un auditorio o una videoconferencia.

1. Presentación en exposición

La presentación en exposición es el modo en el que PowerPoint muestra las diapositivas al público. Este modo está diseñado para eliminar distracciones y centrar la atención en el contenido.

La siguiente tabla resume los elementos clave del modo de presentación:

Elemento	Descripción	Función en la exposición
Pantalla completa.	Oculta la interfaz de edición.	Permite una visualización limpia y profesional.
Vista del presentador.	Muestra notas, próxima diapositiva y controles.	Facilita el discurso del orador.
Herramientas de anotación.	Lápiz, resaltador, puntero láser.	Permiten interactuar con el contenido.
Navegación.	Teclas, clics o mando inalámbrico.	Control fluido de la presentación.

La **Vista del presentador** es especialmente útil, ya que permite ver las notas del orador, el tiempo transcurrido y la diapositiva siguiente sin que el público lo vea. Este recurso mejora la fluidez del discurso y reduce la necesidad de memorizar contenido.

2. Presentaciones personalizadas

Las presentaciones personalizadas permiten crear **variantes** de una misma presentación sin duplicar el archivo. Son útiles cuando se necesita adaptar el contenido a distintos públicos: directivos, clientes, alumnos, equipos técnicos, etc.

La siguiente tabla explica su utilidad:

Característica	Descripción	Ejemplo práctico
Selección de diapositivas.	Permite elegir qué diapositivas incluir.	Presentación corta para directivos.
Varias versiones.	Se pueden crear múltiples rutas.	Versión técnica y versión comercial.
Sin duplicar archivo.	Todo se gestiona en un único documento.	Evita inconsistencias y errores.
Activación rápida.	Se ejecutan desde Presentación personalizada.	Ideal para reuniones improvisadas.

Crear una presentación personalizada permite ahorrar tiempo y mantener coherencia visual y de contenido. Además, evita tener múltiples archivos con versiones ligeramente diferentes, lo que puede generar confusión.

3. Conexión a un proyector y configuración

La conexión a un proyector o pantalla externa es un paso crítico en cualquier exposición presencial. PowerPoint y Windows permiten gestionar esta conexión de forma sencilla, pero es importante conocer las opciones disponibles para evitar problemas técnicos.

La siguiente tabla resume los modos de proyección:

Modo de pantalla	Descripción	Uso recomendado
Duplicar.	La pantalla del ordenador se replica en el proyector.	Salas pequeñas o presentaciones simples.
Extender.	El proyector actúa como segunda pantalla.	Uso de Vista del presentador.
Solo segunda pantalla.	Solo se muestra la presentación en el proyector.	Equipos con poca potencia.
Solo PC.	No se usa el proyector.	Ensayos o revisiones.

El modo **Extender** es el más profesional, ya que permite utilizar la Vista del presentador en el monitor principal mientras el público ve únicamente la diapositiva.

Además, es importante revisar la resolución del proyector. La siguiente tabla muestra las resoluciones más comunes:

Resolución	Calidad	Contexto típico
1024×768.	Básica.	Proyectores antiguos.
1280×720.	HD.	Aulas y salas medianas.
1920×1080.	Full HD.	Auditorios y pantallas modernas.
4K.	Ultra HD.	Eventos profesionales de alto nivel.

Antes de comenzar, es recomendable probar el sonido, comprobar la conexión del mando inalámbrico y verificar que los vídeos se reproducen correctamente.

4. Ensayo de la presentación

Ensayar la presentación es una parte esencial del proceso profesional. PowerPoint incluye herramientas específicas para practicar el discurso, controlar el tiempo y ajustar el ritmo.

La siguiente tabla resume las funciones del ensayo:

Herramienta	Descripción	Beneficio
Ensayar intervalos.	Registra el tiempo dedicado a cada diapositiva.	Permite ajustar el ritmo.
Grabación de presentación.	Graba voz, anotaciones y tiempos.	Ideal para presentaciones automáticas.
Vista del presentador.	Muestra notas y próxima diapositiva.	Facilita la fluidez del discurso.
Temporizador.	Controla el tiempo total.	Evita exceder el tiempo asignado.

Ensayar permite detectar diapositivas demasiado cargadas, transiciones lentas, vídeos mal ubicados o explicaciones que requieren más claridad. También ayuda a ganar seguridad y naturalidad.

5. Proyección de la presentación

La proyección es el momento final del proceso, donde todo el trabajo previo se pone en práctica. Una proyección profesional requiere controlar tanto el contenido como la interacción con el público y el equipo técnico.

La siguiente tabla resume los elementos clave de la proyección:

Elemento	Función	Recomendación
Navegación.	Avanzar/retroceder diapositivas.	Usar mando inalámbrico.
Herramientas de anotación.	Resaltar o señalar contenido.	Usar con moderación.
Pantalla negra/blanca.	Pausar la presentación.	Útil para debates o explicaciones.
Control del tiempo.	Mantener ritmo adecuado.	Revisar temporizador.
Gestión de preguntas.	Interacción con el público.	Reservar tiempo final.

Durante la proyección, el presentador debe mantener contacto visual, modular la voz, controlar el ritmo y utilizar las diapositivas como apoyo, no como guion. El objetivo es que la tecnología acompañe al mensaje, no que lo sustituya.

ACTIVIDADES

Actividad 1. Configuración profesional de exposición

Configura una presentación para utilizar la Vista del presentador y explica por qué este modo mejora la exposición.

Actividad 2. Creación de una presentación personalizada

Crea dos versiones de una misma presentación: una para directivos y otra para alumnos. Explica qué criterios seguiste para seleccionar las diapositivas.